KB042814

마음이
단단해졌으면
좋겠어

마음이 단단해졌으면 좋겠어

초 판 1쇄 2019년 01월 29일

지은이 박진희
펴낸이 류종렬

펴낸곳 미다스북스
총   괄 명상완
에디터 이다경

등록 2001년 3월 21일 제2001-000040호
주소 서울시 마포구 양화로 133 서교타워 711호
전화 02) 322-7802~3
팩스 02) 6007-1845
블로그 http://blog.naver.com/midasbooks
전자주소 midasbooks@hanmail.net
페이스북 https://www.facebook.com/midasbooks425

ISBN 978-89-6637-641-4 03190

값 14,000원

🐾 **미다스북스**는 다음세대에게 필요한 지혜와 교양을 생각합니다.

마음이
단단해졌으면
좋겠어

박진희 지음

미다스북스

우리는 모두 특별합니다

나는 어렸을 때부터 마음이 단단해졌으면 했다. 강한 사람으로 키우려 하셨던 어머니의 교육방침에도 눈물 흘리지 않는 아이가 되고 싶었다. 나는 식탁에 앉아 울지 않는 날보다 우는 날이 더 많았다. 밥을 빨리 먹지 않는다고, 국을 먹지 않는다고, 아까 혼난 일을 온 가족이 모였을 때 다시 한 번 혼나느라고.

아직도 기억나는 날이 있다. 일요일 아침, 나는 흰 청바지에 빨간 줄무늬 남방을 입었다. 멜빵도 달았다. 나는 너무 행복했다. 하지만 시간관념이라는 것이 없던 나는 천하태평이었다. 입에 밥을 물고 오물거리며 평화로움을 즐기고 있었다. 그 순간 엄마는 얼른 먹지 않으면 오늘 놀러 나가지 않겠다고 엄포를 내리셨다. 순간 상황파악이 되었다. 하지만 시작된 엄마의 잔소리와 분노에 나는 또 울음을 쏟았다. 평화로운 일요일 아침은 엉망진

창이 되었다. 지금 또 울면 내게 이로울 것이 없는 것을 너무 잘 알면서도 눈치 없이 눈물이 먼저 울컥울컥 쏟아져 나왔다.

나는 그때 감정을 컨트롤하는 방법을 몰랐다. 울지 말라고만 하지 말고 어떻게 하면 울지 않는지 알려주었으면 좋겠다고 간절히 바랐다. 울면 왜 우느냐고 또 혼나는데 나는 그 말에 다시 눈에 홍수가 났다. 나도 내 마음을 이야기하고 싶었다. 그만 혼내라고 말하고 싶었지만, 울음 때문에 아무 말도 할 수 없었다. 가슴이 답답하고 먹먹했다.

내 인생에 가장 큰 존재이며, 가장 사랑받고 싶은 사람에게 혼이 나는 것보다 더 두려운 것은 미움받는 것이었다. 솟구쳐 나오는 눈물은 억울해서가 아니었다. 그것은 두려움과 슬픔과 아픔이었다.

단단한 마음은
작은 질책에도 언제나
눈물부터 머금던,
저의 아주 어린 시절부터의
소원이었습니다.

왜 항상 눈물은 먼저 차올라서
저와 주변을 당혹스럽게 하는지
가슴이 먹먹하기만 했습니다.

생각해보면 그것은
무한히 사랑받고 싶은 마음 때문이었습니다.

마음으로 알고 있는 무한한 사랑을
당연히 받을 수 있다고 생각했는데
겪어보니 사랑받을 자격은
따로 있다는 것을 학습하게 됐으니까요.

한편으로 저는 어쩌면 이미
사랑은 무한하다는 것을
알고 있었기 때문인지도 모르겠습니다.
(그때는 자각하진 못했지만)

상처 입은 마음을
스스로 돌볼 줄 아는 사람은
마음이 단단합니다.

단단하기 때문에
누군가가 상처를 내려고 해도,
상처를 주어도 괜찮습니다.

아이였던 저는
행복함을 즐기는 것 외에는
아는 것이 없었습니다.

하지만 그때의 소망은
더 멋지게 확장되어
지금에 이르렀습니다.

저는 아직 큰 부를 이룬 사람도,
세상에 알려진 사람도 아닙니다.
다만, 저는 저 자신을
평범하다고 소개하고 싶지는 않습니다.

세상에는 특별한 사람만 있을 뿐
평범한 사람은 없으니까요.

그러나 제 이야기가
누군가에게 용기를 줄 수 있다면
평범한 저로 소개되어도 괜찮습니다.

누군가에게 희망이 될 때는
동질감을 느낄 때라고 생각합니다.

그러기에 제가 책을 통해
동시대에, 아니 거의 실시간
저의 성장의 과정을 공유하여
모두가 저처럼 혹은 저보다
더 나아갈 수 있다는 것을
알려드리고 싶었습니다.

안타깝고 아픈 경험은
자신을 자책하고 괴롭히는 데가 아닌
자신과 다른 사람을 이해하는 데
쓰는 것이라고 생각합니다.

지금 나이와 상황, 위치와 상관없이
방황하고 있거나 지친 분들에게,
자신을 사랑하고 믿고 싶은 분들에게

제 글이
무너지지 않는 힘을 발견할 수 있는
기회와 도움이 된다면
더없이 기쁠 것 같습니다.

2019년 1월

박진희

| 차 례 |

2장 내 꿈은 도대체 뭘까

꿈을 찾는 법

3장 상상과 믿음만큼 좋은 것은 없다
한 걸음 나아가는 용기

4장 함께 행복할 수 있다면
사랑하는 법

1장

마음이 단단했으면 좋겠어

자존감을 되찾고 두려움을 이기는 방법

마음의 틈은
내 마음을 돌보지 않을 때
조금씩
티 나지 않게 생긴다

1
자존감,
나를 정성껏 대하는 것

예전에는 교육받지 못한 열등감으로
자존감 상실을 경험했다.
그러나 지금은 교육을 오래 받을수록
자존감 상실을 경험한다.
능력을 서열화하는 사회구조에 길들어져서다.

성취하고 칭찬받을 만한 일을 해야
가치 있는 존재로 인정받아 왔다.
그리고 그에 상응하는 태도를
유지하려고 늘 애써 왔다.

지금도 언제든지 자신이 가치 있음을
증명할 준비가 되어 있어야 한다.
남에게 보여줄 옷을 사 입고,
능력을 증명할 졸업장과 자격증을 사면서.

자존감은 분명
인생의 많은 부분에 영향을 준다.
보호막처럼 외부의 충격을 덜어주기 때문이다.

하지만, 자존감은
사람을 평가하는 기준이 아니다.

자존감이 없다고
능력이 없는 것도 아니다.
자존감이 없으면
큰일을 이룰 수 없다는 것은
근거 없는 연결고리다.

언제 어디서나
자존감이 높은 사람이 되어야겠다는
생각 자체가 모순이다.

자존감은, 그럼에도 불구하고
자신을 괜찮은 사람이라고 느끼는 것이다.

자신을 위축시키고 힘들게 하는 일보다
재미있고 기분 좋은 것들에 집중하면
스스로 생각하게 된다.
스스로 생각하는 힘이 자존감을 만든다.

나는 자신을 좋아하고 사랑한다는 것이 무엇인지
전에는 몰랐다. 오히려
다른 사람을 좋아하고 사랑하는 것은 잘 알 것 같았다.
더 쉽고 자연스럽게 느껴졌다.
누군가를 좋아하는 게 머리로 안 되는 것처럼.
나를 사랑한다는 것도 머리로 되지 않았다.

좋아하는 사람을 떠올릴 때처럼
나를 떠올려 감정을 느껴본다.
안쓰럽기도 하고, 또 생각했던 것보다
괜찮은 느낌도 들 것이다.
다양한 느낌이 들 것이다.

그 느낌들을 분석하지 말고 그대로 인정하자.
마음이 아프면 아파하고
미우면 그 미움을 느끼자.
그러면 그 감정들 뒤에 있던 내 모습이
조금씩 보이기 시작한다.

우리는 어쩌면
자신에게 덮여 있는 감정들을
보기 두려워 외면했을지도 모른다.

우리 자신을
모자이크 처리하지 않은 모습으로
떠올릴 수 있어야 한다.
그것이 사랑이다.

바라보지 않고 사랑한다고 할 수 없다.
누군가를 좋아할 때처럼
호감과 설렘을
자신에게 가지는 것이다.

나를 사랑하는 것은
누가 뭐라 해도 나만은
나를 안아주는 것이다.

자존감이 높고 낮음에 반응하지 않는 법은
그것에 대해 생각하지 않는 것이다.

자존감은
언제나 나를 정성껏 대하는 것이다.

알프레드 아인슈타인은 어릴 적 또래보다 심지어 동생보다도 말이 느리고 버벅거려 주변 사람들에게 놀림을 받았다. 그만큼 자존감도 낮았다. 하지만 그는 천재가 되었다. 결정적으로 그의 천재성이 나타나게 된 때는 스위스에서 공부할 때다. 토론 위주의 학습으로 스스로 생각하는 힘을 기르게 되었고, 자신만의 철학을 가지게 되었다.

아인슈타인은 자신이 흥미 있는 것에 열정을 쏟으면서 자존감을 되찾은 것이다. 그는 자신에게 흥미 있는 것에만 집중했다. 그것이 기분을 좋게 하기 때문이다. 좋아하지 않는 과목은 출석도 하지 않을 정도였다. 친구들이 노트를 빌려준 덕분에 시험을 쳐 겨우 졸업했다. 하지만 그는 온 세상에 위대한 자신을 드러냈다. 천재는 노력하기 때문에 어떤 분야에서 뛰어난 것이 아니라 뛰어나기 때문에 그 분야에서 노력한다는 윌리엄 해즐릿의 말은 아인슈타인을 두고 한 말일 것이다.

먼저 자신의 가치를 발견하라. 이것만큼 소중한 것은 없다. 자신의 가치를 발견하지 못한 사람은 스스로를 함부로 대한다.

― 장자

자존감은,
그럼에도 불구하고
자신을
괜찮은 사람이라고
느끼는 것이다.

2

자기 자신을 바라보는 느낌으로
세상도 당신을 본다

자존감의 뿌리는 엄마 뱃속에서부터 시작된다.
그리고 사랑과 미움의 지표 선에서 움직인다.
배 속에 있을 때
존재만으로도 축복받고 자란 사람과
존재를 부정당하거나 존재를 두려워하거나
미움받았던 사람의 삶은 다를 수밖에 없다.
하지만 그 삶은
스스로가 자신을 외면하지 않는다면
충분히 변화시킬 수 있다.

자신에게 함부로 대하는 상사가 있다고 하자.
그가 함부로 말하고 행동할 때마다
두려움과 분노가 올라온다면
초점이 그 상사에게 있기 때문이다.

마음속으로 상황을 떠올려보자.

그리고 상사의 언행을 보며 말하자.

'나에게 함부로 하는 그는

내게 가치 있는 사람이 아니다.'

단순히 상상으로 위안 삼으라는 게 아니다.

사실이 그렇기 때문이다.

초점과 중심을 나에게 가져오는 것이다.

상사의 잘못된 언행은 그의 가치만 낮아지게 할 뿐이다.

나보다 의식이 낮은 사람에게는

분노나 두려움보다

안쓰러움과 무심함을 쓸 수 있다.

마치 5살짜리가 욕하는 것을 볼 때와 같다.

그리고 잔소리를 더 이상 두려워하지 않게 된다.

이제 상처받지 않는 사람이 되었기 때문이다.

이미 그런 사람이 되었고,

그 느낌을 가져보았기 때문이다.

다른 사람이 나를 어떻게 생각하느냐보다
내가 나를 어떻게 느끼고 있는지가 중요하다.
나는 나를 기분 좋게 하기 위해
무엇을 할지, 무엇을 변화시킬지
그 생각만으로 하루하루를 채우자.

나를 보고 있는 거울을 깨버린다고
내 모습을 바꿀 수 없듯이
주변의 환경을 깨부순다고
세상을 바꿀 수 없다.
내가 바라보는 느낌이 세상을 달라지게 한다.
그러므로 돌봐야 할 것은
언제나 나 자신뿐이다.

모두가 세상을 변화시키려고 생각했지만, 정작 스스로 변하겠다고 생각하는 사람은 없다.
— 레프 톨스토이

그러므로
돌봐야 할 것은
언제나
나 자신뿐이다.

3
나는 아무것도
아닌 것 같아서

가끔 홀로 남겨져 있다고 느낄 때
수많은 SNS를 한참 넘겨 보다 휴대폰을 껐을 때
해야 하는 일이나 시험을 앞두고 있을 때
나 자신이 작게 느껴질 때가 있다.

이런 상황들이 사라진다면 괜찮을까?
한동안은 괜찮을 것이다. 하지만 또 다른 일들로
자신이 작아지는 느낌을 경험할 것이다.

왜냐하면 '작아지는 느낌'의 원인이
외부에 있다고 생각하기 때문이다.

자책도 마찬가지다. 스스로 일어설 힘이
충분하지 않다고 생각하기 때문이다.
그래서 끊임없이 정신을 다른 곳에 붙여놓으려고 한다.
하지만 바라봐주지 않으면
사라지지 않고 언제든
자꾸 튀어나올 것이다.

작아진다고 느끼는 것은 나다.
이 느낌이 싫어서 느끼지 않으려고 한다면
내가 느끼려고 할 때까지 상황은 반복될 것이다.
그 자체가 알려주는 것이므로.

고요함이 찾아오면 두렵고, 어색하고, 당황스럽다.
슬픔이나 분노가 올라오기도 한다.
'아무것도 아닌 것 같은 나'와
마주하게 되기 때문이다.

그때 딱 한 번만 고요함 속에서 나를 보자.

나는 그냥 나이고, 그것으로 충분하다는
느낌이 올라올 때 알게 된다.
한 번만으로도 알게 된다.
나를 힘들게 하는 것들의 대부분은
현재에 없다는 것을.

고요함 속에서
'작은 나'란 느낌을 놓아버리고
바라는 상황과 바라는 나의 모습을 떠올리자.
그 이미지와 느낌이야말로
잠들어 있던 나를 자라게 하는 영양분이다.

자신이 아무것도 아닌 것 같은 느낌이 드는 건
타인의 보여주는 모습에 휘둘리는 것이다.
또 스스로 기회를 주고 있지 않아서다.

반딧불이는 폭풍에도 빛을 잃지 않는다. 빛이 자기 안
에 있기 때문이다.

― 스와미 웨다 바라티

자신이
아무것도 아닌 것 같은
느낌이 들면
고개를 들어
내가 원하는 것에
시선을 돌리자.

4
부정적인 감정도 이유가 있다

나는 낙천적인 성격이다. 주변 평판도 그랬다.
나는 모자람이 있으면 배우면 된다고 생각했고,
나는 무엇이든 될 수 있고,
할 수 있다고 생각해왔다.
누군가 가르쳐준 것은 아니었다.
어릴 적부터 가지게 된 느낌이었다.
그 느낌이 자신감을 지탱해주었다.

어른이 된 나는 어느 날,
긍정의 느낌에 가려둔
내 모습을 보게 됐다.

나를 안다는 것에 대해
이해는 하고 있었지만
속 깊이 처절히 느낀다는 것이
어떤 것인지는 알지 못했다.

나에게 빚 외에 아무것도 없었을 때,

아무런 의욕도 감정도 느낄 수 없었을 때,

비로소 나를 바라볼 수 있게 되었다.

있는 그대로의 나라는 인간의 양면을.

주위에는 아무도 없었다.

적막함 속에 혼자 덩그러니 남았을 때였다.

의식적이든 무의식적이든

나를 버티게 해준 긍정의 힘마저 내려놓았을 때

숨겨둔 내가 드러났다.

그동안의 일들이 떠올랐다.

'나라는 사람은 이렇게도

약하고, 무르고, 이기적이고, 가식적이었구나.'

나는 내가 생각했던 것보다

아주 훨씬 형편없었다. 나는 그런 애였다.

나를 참회하는 것도, 매도하는 것도 아니었다.

그냥 그동안 살아온 내 속 모습이었다.

결국, 그런 모습으로 살아왔기 때문에

바닥까지 와있는 것이었다.

대부분 사람들은 자신을 저평가하고
스스로를 사랑하지 못해 괴로워한다.
하지만 나는 반대였다.
난 나의 좋은 모습만 보려고 하고
단점은 제대로 보려 하지 않았다.

나는 부정적인 감정들과 나의 단점들을
느끼고 싶어 하지 않았기 때문에
원인을 내면에서 찾지 않고 외부의 탓으로 돌렸다.
잘한 것은 내 탓이고 안된 것은 외부 탓이 되었다.
가끔은 내 탓도 했지만 아주 잠깐이었을 것이다.

다른 사람으로 인해 내가 피해를 보았어도
그 후의 선택을 내가 잘했으면 됐다.
하지만 계속 입으로 불러온 부정적인 언어들로
긍정적인 태도와는 달리 인생은 꼬여버렸다.

수많은 껍질 속에

모른 척하고 있던 것을 마침내 직시했다.

그렇게 마음으로 알게 되자 눈물이 쏟아졌다.

나는 한참 동안 소리 내어 엉엉 울었다.

동시에 이런 나를 알면서도

아껴주고 사랑해주었던 사람들에게 감사함을 느꼈다.

그런데 이상했다.

그 후 내 마음은 하루하루 지나며

조금씩 일어서고 있었다.

형편없는 나를 인정한 후

나는 더욱 가라앉을 줄 알았는데

오히려 힘이 생기고 있었다.

나는 말 그대로 바닥을 쳤던 것이다.

다 쏟아내고 덩그러니 남아있는 나를 보았다.

그럼에도 나는 사라지지 않았다.

결국, 끝까지 함께 가야 할 사람은 나뿐이었다.

못났든 잘났든 나는 여기 있기 때문이다.

그래서 나는 나를 사랑할 수밖에 없다고 생각했다.

진짜 나를 사랑하는 것은
모든 것을 받아들일 때였다.
있는 그대로의 나를 아는 것이 시작이다.

있는 그대로의 내 모습이 떠오를 때,
부정적인 것이 많이 떠올라도
저항하지 않고 받아들이면 된다.
별 것 아니다.

힘든 상황에서는
그럼에도 내가 있다는 사실이 견딜 수 없어
나를 숨겨 도망치고 싶기도 하다.
하지만 결국 나는
언제나 여기에 있다.

최악의 경우에도.
내가 없어지는 것은 아니었다.

나를 사랑한다는 것은
안 좋은 것은 무시하고
좋은 것만 보는 것이 아니다.
안 좋은 것도 바라봐주고
끌어안고, 품고 가는 것이 사랑이다.
마치 부모가 아이를 조건 없이 사랑하듯이.

"당신은 당신이 얼마나 아름다운지 결코 알지 못했다. 당신 자신을 한 번도 진정으로 본 적이 없었기 때문이다. 당신은 자신이 누구인지 무엇인지 제대로 보지 않았다. 신의 모습을 보고 싶은가? 거울에 비친 모습을 보라. 당신은 신의 얼굴을 똑바로 바라보고 있는 것이다."

– 람타

결국,
끝까지 함께 가야
할 사람은
나뿐이었다.

5

도망치고 싶은 순간이
가장 두렵다

어릴 때 '얼음, 땡'이라는 놀이를 했다. 술래에게 잡힐 것 같으면 "얼음!"이라고 외치고 움직이지 않는다. 그러면 술래는 잡을 수 없다. 다른 친구가 와서 몸을 치며 "땡!" 하고 외쳐주면 다시 자유롭게 도망 다닐 수 있다.

나는 이 놀이로 불안과 두려움의 감정을 강하게 경험하곤 했다. 그래서 친구들과 함께 돌고래 소리를 내며 뛰어다니곤 했다. 술래에게 붙잡힌다고 대단한 것을 잃는 것도 아닌데 그냥 무서웠다. 모두 놀이라는 것을 알면서도 진짜 감정을 느꼈다.

술래가 나를 향해 달려오는 것을 발견하면 가슴이 철렁했다. 처음 몇 번은 술래의 기세에 도망칠 생각도 못 한 채 주저앉아버렸다. 두려움에 휩싸여 눈을 질끈 감았다. 그다음에는 도망쳐 보려고 했다. 그 순간 가장 강렬하게 두려움을 느꼈다. 몇 걸음 못 가 지레 포기해버렸다. 그 자리에서 "얼음!"을 외치면 되는데 어찌할 바를 몰라 아무것도 할 수 없었다.

하지만 그 후에는 죽기 살기로 도망쳐봤다. 마침내 술래보다 빨리 뛰게 되었다. 게임은 그때부터 진짜 시작이었다. 어느덧 나는 자진해서 술래가 되어 친구들을 쫓으며 게임을 즐기기 시작했다.

인생도 그렇다.
감당할 수 없을 것 같은 일들,
처음이지만 해야만 하는 일들 앞에서
가장 큰 두려움을 느낀다.

처음 보는 시험,
처음 친구들 앞에서 이야기해야 하는 순간,
처음 무서운 놀이기구를 탈 때,
처음 스키장에서 리프트를 타고 내렸을 때 등.
우리는 계속 크고 작은 용기를 내어왔다.

도망가야겠다고 생각이 드는 이유는
결과를 감당할 자신이 없기 때문이다.
두려움이 가장 큰 순간이다.

그러나 이 두려움을 깨는 데 필요한 건
두려움을 인정하는 것이다.

한 소녀가 재활시설에서 지내고 있었다. 자폐증을 앓고 있어
감정 조절이 잘 안 되었다. 안정을 찾기 위해서는 "스탠바이기다
려!"라는 말을 주문처럼 외워야 했다.

소녀는 영화 〈스타트렉〉을 많이 좋아했다. 영화에 담긴 의미
를 이해하고 있을 만큼 마니아였다.

어느 날 소녀는 생애 큰 결심을 한다. 스타트렉 시나리오 공모
전에 도전한 것이다. 400여 페이지의 시나리오를 쓴 것도 모자
라 마감일을 놓칠까 봐 홀로 먼 길을 나서기로 한다. 소녀는 지
갑을 도둑맞고 도로에 홀로 남겨지기도 했다. 하지만 자신이 시
나리오에 쓴 대사처럼 두려움에 용기를 내며 포기하지 않았다.
그 대사는 다음과 같다.

'Don't be afraid, Jim. The unknown is there for us to
conquer, not to fear.'

(미지의 세계는 정복해야지 두려워할 것이 아니라네.)

— 영화 〈스탠바이, 웬디〉 중에서

장애물을 만나더라도 자신의 목표를 달성하는 일이
눈앞의 장애물보다 더 중요하다고 생각하고 끊임없이
노력하는 마음을 용기라고 한다

　　　　　　　　　　　　　　　　　- 알프레드 아들러

두려움을 인정하면
그 다음을
생각하게 된다.

6
두려움은
불확실성에서 온다

두려움은 학습된 것

두려움은 예측 불가, 불확실성에서 오는

막연한 공포감이다.

새로운 것을 시도할 때

두려움이 앞서는 이유는 무지 때문이다.

실패했을 때 따라오는 주위의 평가 때문이기도 하다.

하지만 학습된 두려움이기도 하다.

아이들은 두려움이 적다.

위험한지, 안전한지 경험한 후 두려워한다.

두려움을 학습한 것이다.

우리는 자라면서 사회적, 환경적으로

두려움과 무기력을 학습해왔다.

그래야 사회가 안정되고 좀 더 수월하게 통제되기 때문이다.

마침내 우리는 어른이 될수록

잘 되어도 걱정하고, 안되어도 걱정하는 지경에 이르렀다.

두려움 없이 도전하는 사람들을

철이 없다고 비난하고, 과소평가하는 사회 분위기는

개인의 자아에까지 영향을 준다.

사회화되지 않은 사람일수록

자유로운 생각을 자유롭게 표현하며 사는 이유다.

위대한 리더들은 공통적으로 생각이 자유롭다.

다른 사람들의 시선에 자유롭고, 실패에 자유롭다.

인정받지 못한 것에 오기를 품을지언정 주눅 들지 않는다.

그러므로 두려움을 벗어나려면

기존에 학습된 관념들을 깨야 한다.

두려움이라는 것은 안전에 필요한
본능적인 감정 중 하나에 지나지 않는다.
습관적인 두려움이 행동을 망설이게 한다.
두렵게 하는 것이 없는데도 말이다.

나중에는 두려움이라는 감정이 있어야
왠지 모를 안심이 된다.
현실이라는 땅에 발을 붙인 것 같은
착각을 하는 것이다.

일상생활이 안 될 정도의 두려움과 무기력이라면
전문적인 도움이 필요하다. 그러나
일상적 두려움이라면
두려움의 실체가 있는지를 살펴봐야 한다.

대부분의 경우는
정말 두려워서가 아니라
하기 싫은 것일 수 있다.

억지로 할수록 그 부담감이 자신감을 떨어뜨린다.
그리고 두려움으로 이어진다.
해야 하는 일이라면 고통스럽기까지 하다.

두려움이 다른 감정들보다 우위에 서면
아무것도 할 수도 없고, 하고 싶지도 않은
무기력에 빠지게 된다.

두려움을 강하게 느끼는 순간은
무력함을 느낄 때다.
대응할 능력과 힘이 부족하다고 느낄 때다.
현실에서 도피하고 싶어진다.

두려워하고 있는 상황 자체도 두렵다.
그래서 아무것도 하고 싶지 않고
아무 생각도 하기 싫어진다.
계속 잠만 자고 싶다.
꿈마저 꾸고 싶지 않기도 하다.

두려움이라는 감정 다루기

나는 실직 상태에서 생에 가장 큰 빚까지 얻게 되었다. 하루하루가 지나가는 것이 두려웠다. 다시 힘을 내서 시작하면 된다고 머리로는 생각했다. 다시 직장을 구하고 제대로 시작하면 된다고 말이다. 그런데 당장 먹고 살 일이 막막하니 방법을 알면서도 몸과 마음이 따라주지 않았다. 잘못된 길을 전력 질주해 온 탓에 허탈함이 몰려왔다. 차라리 화라도 나면 다행이었다. 막막함의 앞에서는 그런 에너지도 나오지 않았다. 울음만 새어 나올 뿐이었다. 나는 제리&에스더 힉스의 '22단계 감정안내눈금' 중 가장 아래 단계두려움, 슬픔, 우울함, 절망, 무력감에 내려와 있었다.

나를 괴롭히는 것은 바로 나의 생각이었다. 에너지가 떨어져 있을 때 뭔가를 해야 한다는 생각은 두려움만 커지게 했다. 나는 생각을 행동으로 옮기기 위해서는 기분느낌을 전환해야 한다는 것을 알게 되었다.

나는 약해진 느낌을 바꾸고 의욕을 불러일으키기 위해 노력했다. 나라는 인간에게 변하지 않는 강인한 본성이 있음을 깨닫게

---

* 제리&에스더 힉스의 '22단계 감정안내눈금'은 현재의 기분보다 의식적으로 더 나은 기분을 향하도록 활용하는 데 목적이 있다. 증오, 분노는 이보다 3단계 높은 지점에 있다. 화를 낼 때 오히려 에너지가 있다는 것이다. 실의에 빠져 축 처져 있는 사람보다 오히려 화를 내는 사람이 덜 걱정이 되는 이유다.

해주는 책들을 읽었다. 그리고 내 안에 큰 힘이 있다는 믿음을
환기하고 영감을 받았다.

느낌이란
사실이라고 받아들인 것을
잠재의식이 동의하는 것이라고 한다.
따라서 자신과 외부에 대한 느낌이 인생을 좌우한다.
평소의 기분과 느낌이
내 삶을 창조하기 때문이다.

부담감, 압박감, 불쾌감에 집중하던 시선을
다른 곳으로 돌리면 답답함이 가신다.

앞에서도 말했듯
두려움은 막연함과 불확실함에서 온다.
사람들은 두려움이라는 감정을
충분히 인정하기 전에
문제부터 해결하려고 한다.

급히 달려나가려고 할 때
옷이 어딘가에 걸려있으면
반동 때문에 당겨지듯,
두려움이 해결되지 않으면
저항 때문에 문제를 해결하기 힘들다.
잠시 뒤돌아서서 걸린 옷부터 빼야 한다.

두려움이라는 감정은
한 번만 인정해주어도 안정을 찾을 수 있다.
감정은 어린아이와 같아서
부름에 외면하지 않고 마주하여
관심을 주면 안정을 찾는다.

두려움과 불안한 감정을 나쁜 것이라고
매도하거나 저항하지 않고 받아들이면
내 몸을 통과하듯 사라진다.

두려움은 언제나 무지에서 샘솟는다.

– 랄프 왈도 에머슨

자신과 외부에 대한 느낌이
인생을 좌우한다.
평소의 기분과 느낌이
내 삶을 창조하기 때문이다.

7

무기력,
무력감에서 벗어나는 방법

내가 통제할 수 있는 것이 없다고 느낄 때 무력감을 느낀다

'많은 사람은 삶의 가치와 죽음의 가치 중에서
하나를 분명히 선택하는 상황에 직면하지 않으므로,
어느 하나에 속하지 못한 채 몸은 살아있으나
정신은 죽어버린 '무기력한 인간'이 된다.
삶을 선택한다는 것은 사랑과 자유와 진리의 필요조건이다'

    – 에리히 프롬, 『너희도 신처럼 되리라』 중에서

'몸은 살아있는데 정신은 죽어있다.'
스스로 에너지 스위치를 끈 채
다시 켜지 못하고 있는 것이다.
두려움보다도 더 큰 산은 무기력이다.

아무것도 할 수 없음을 알 때 절망을 느낀다.
그렇게 계속 땅을 파고 파고 들어가다
그 끝에서 몸마저 스위치를 끄게 된다.
그래서 무기력은
두려움보다 더 크고 어두운 산처럼 느껴진다.

〈미녀와 야수〉에서 마법에 걸린 야수가
하나 남은 장미 꽃잎을 바라보며 절망할 때처럼
내가 할 수 있는 것이 아무것도 없다는 현실,
그저 바라보고 있을 수밖에 없는 상황에서 무력해진다.

비극적인 선택을 생각하는 순간은,
스스로가 가치가 없다고 느낄 때다.
나의 존재는, 내 인생은,
무력한 존재일 뿐이라고 생각될 때다.

그런 부정적인 느낌이 들수록
몸은 자꾸 눕게 되고 자게 된다.
마치 내 안의 누군가가
휴대폰 전원을 끄듯 생각을 멈추게 해
나를 보호하려는 것처럼.

삶의 가치를 발견할 때 무기력에서 벗어나게 된다

나는 무기력에 빠져있었었지만, 마음 깊은 곳에서는 일어나고 싶다는 열망도 있었다. 어쩌면 그 열망이 컸기에 무기력함에 더욱 괴로웠는지도 모른다. 나는 집에 쌓여 있는 책들을 보다 『파리에서 도시락을 파는 여자』에 눈이 멈췄다. 그리고 저자인 켈리 최의 이야기를 읽으며 위안을 받았다.

사업 실패로 존재 가치와 삶에 대한 회의감 품고 있던 그녀는, 어느 날 언뜻 거울에 비친 어머니를 보았다. 자신이 어떤 모습일지라도 존재 자체만으로도 사랑해 줄 단 한 사람이었다. 그녀는 어머니의 자랑스러운 셋째 딸이 되기 위해 다시 일어났다.

나도 잠시 잊고 있던 부모님이 떠올랐다. 그리고 그녀가 책에서 조언하는 이야기들을 따르기 시작했다. 내게는 이제 더 이상 내려갈 곳도 핑계 댈 여유도 없었기 때문이다. 나를 일으킬 수 있는 희망이 있다면 그게 무엇이든 돈이 들지 않는다면 밑져야 본전이었기 때문이다.

그녀의 인터뷰도 찾아보고 연관된 다른 영상들을 보다가 문득 '내일은 서점에 가볼까?' 하는 마음이 생겼다. 사람은 무기력할 때 가장 게을러진다. 내 몸을 움직여야 한다는 생각만 으로도 피곤해져 이불을 다시 잡아끌게 된다. 그런 내가 사소한 욕구 하나를 다시 느끼자 기분이 좋아졌다.

나는 한동안 침대에서 나오지 못한 채 머리와 마음 간의 싸움에 지쳐 잠들곤 했다. 깨어있을 때는 막막함과 적막함을 견딜 수 없었다. 휴대폰을 붙잡고 유튜브 영상을 보는 것이 유일한 일과였다. 그러던 어느 날이었다. 김새해 작가의 영상을 보다가 나도 모르게 스르르 몸을 일으켰다. 일어나야겠다고 머리로 다짐한 것이 아니었다. 어떤 말 때문이었는지 기억나지는 않는다. 다만 차분하고 조곤조곤한 목소리가 내 마음속 무기력함의 한 귀퉁이에 닿았던 것이다. 신기하게도 에너지가 바닥난 내 마음이 다시 충전되는 것 같았다.

말에는 큰 힘이 있다.
시들해진 몸과 마음에
한 방울씩 떨어지는 말이
얼마나 큰 힘을 가졌는지 이제 나는 안다.

건강한 피부를 가진 사람의 손등에 실을 움직이면
간지럽거나 때론 별 느낌이 없다. 그래서
어느 정도 단단한 물체로 자극해야 반응한다.
그러나 피부가 벗겨져 예민해진 손등에 실을 움직이면
미세한 움직임에도 강하게 느껴진다.

사람의 마음도 그렇다. 안정적일 때는
단호하고 강한 어조의 말에 힘을 얻고 동기부여를 받는다.
그러나 마음이 무기력하고 자력을 잃은 상태에서는
작은 목소리가 더 잘 스며든다.

무력함에
아무것도 하고 싶은 마음이 없는데
의지를 내면
더 무력해질 뿐이다.

무력함을 느끼는 이유는
반대로 그만큼 열망하기 때문이다.
따라서 무력함을 느끼게 하는 그 열망을
잠시 잊어야 한다.

들리는 것, 보이는 것들을
긍정의 말로 채우고 그 안에
몸과 마음을 내버려 두면
내 안의 잠재의식이 나를 깨울 것이다.

램프를 만들어 낸 것은 어둠이었고, 나침반을 만들어
낸 것은 안개였고, 탐험하게 만든 것은 배고픔이었다.
그리고 일의 진정한 가치를 깨닫기 위해서는 의기소침
한 나날들이 필요했다.

— 빅토르 마리 위고

무기력을 느끼는 만큼
마음 깊은 곳에는
강한 열망이
있기 때문이다.

8
사실 모두가 흔들리며
가는 중

모두 각자의 삶에서
흔들리며 배우고 깨달으며 살아간다.
특별히 나약해서 흔들리는 것이 아니다.

자전거를 처음 배울 때처럼 흔들리고
익숙해지면 흔들리지 않다가
어느 순간 지루해진다.

원하는 것을 흔들리며 배우고
지루해질 때까지 누리면 된다.

모든 흔들림은 경험이 된다.
흔들리며 배우고 지혜를 얻는 것이다.
그래서 부끄러워할 필요가 없다.

흔들리지 않고는 배울 수 없다.

흔들려야 흔들리지 않는 것도 배운다.

인생은 내가 살아가는 의미를 알고,

최대한 깊이 있게,

그리고 다양한 경험을 하며

사랑과 행복을 느끼는 여행이다.

한 예능프로그램에서 개그맨 송은이 씨가 이영자 씨에게 말했다.

"예전에는 지방 촬영이 잡히면 가는 길이 고되다고 생각했는데, 이영자 씨 덕분에 이제는 어느 고속도로를 타고 어느 휴게소를 지나는지 물어보게 되고 설레더라고요."

그러자 이영자 씨가 말했다.

"목적지만 보고 가는 것보다 중간중간 즐기며 가는 것이 행복이죠"

그리고 한마디 덧붙였다.

"인생도 결국 목적지는 죽음이에요. 둘러보고 즐기면서 사세요."

사람들은 우리가 삶의 의미를 추구한다고 말한다.

하지만 나는 그렇게 생각하지 않는다. 우리는 살아있
는 경험을 추구한다.

– 조지프 캠벨

흔들리지 않고는
배울 수 없다.
흔들려야
흔들리지 않는 것도 배운다.

9
내 마음을 위로받기 위해 찾았던 건
결국, 책이었어

쇼트트랙 세계랭킹 1위인 최민정 선수가 힐링하는 순간은 독서시간이라고 한다. 이른 새벽부터 저녁까지 힘든 훈련을 소화하는 그녀는 책을 읽다 보면 피로가 싹 가신단다. 책을 읽는 동안에는 잡념이 들지 않고 오히려 뇌를 활성화시켜주기 때문이다. 몸과 마음은 함께 간다. 그녀의 강인한 정신력 상승에는 독서가 있었다.

어른이 되면
자신의 문제는 스스로 해결할 수밖에 없다.
자신을 호되게 꾸짖어주는 사람도 점점 줄어든다.

사실 답이 정해진 문제가 많다.
진짜 문제는 마음이다.
마음이 생각대로 잘 움직이지 않기 때문이다.

다른 사람에게 속마음을 터놓는 것도
소모적이라는 생각이 들면
책 속 경험자들에게 조언을 구하면 된다.

실패하지 않는 방법 중 하나는
성공한 자들의 사고과정을 보는 것이다.
자신의 상황에 맞는 답이
어딘가엔 꼭 있기 때문이다.

독서는 일방적으로 해답을 찾는 과정 같지만
친구와 대화하듯
나와의 대화를 할 수 있다.

책을 읽는 동안
엉켜서 떠 있던 감정들이 조금씩 안정된다.
자신을 격려하는 한 줄의 문구만으로도
상처가 회복되고 치유될 수 있다.

제철 음식이 몸에 좋은 것처럼
독서도 때에 맞춰 할 때 좋다.
몸이 안 좋을 때 그에 맞는 음식을 먹듯
마음이 힘들 때 그에 맞는 좋은 말은 약이 된다.

사람은 힘들 때 책을 찾고
책 속의 의미를 받아들이려고 한다.
그때의 독서가 자신에게 가장 가치 있다.
평소보다 흡수력이 월등히 높기 때문이다.

약해진 내 마음을 일으켜 세워준 것은 책이었다.
책에는 공통적으로
'나'는 그 자체로 신이고,
'나'의 내면에는 영원한 빛이 있으며
현실을 창조하는 주체 또한 '나'라고 했다.

주저앉고 두려워하고 무기력해지는 이유는
나를 믿는 힘이 약해져 있어서였다.
그 확고한 말의 힘이 나에게 스며들었고
본래의 나를 다시 각인시켜 주었다.

최악의 상태야말로 진정한 독서를 할 시기다.
행복의 절정기에 운명의 책과 만나는 사람은 없다

　　　　　　　　　　　　　　　　　- 센다 타쿠야

• 추천도서

네빌 고다드의 『상상의 힘』, 『네빌링』, 『믿음으로 걸어라』

웨인 다이어의 『확신의 힘』

나폴레온 힐의 『결국 당신은 이길 것이다』

에릭 러루센의 『최고가 되라』

제리&힉스의 『볼텍스』

아니타 무르자니의 『나로 살아가는 기쁨』

켈리 최의 『파리에서 도시락을 파는 여자』

김승호의 『알면서도 알지 못하는 것들』

김상운의 『왓칭』

모치즈키 도시타카의 『보물지도』

팀 페리스의 『지금 하지 않으면 언제 하겠는가』

브라이언 트레이시의 『백만불짜리 습관』

리처드 바크의 『갈매기의 꿈』

10
마음의 틈을 채우기 위해
필요한 것

몰입하는 습관

한때 학 접기가 유행한 적이 있었다. 5천 마리를 접으면 소원이 이루어진다고 했다. 소원을 이루고자 하는 마음 반, 학 접기 자체가 주는 매력 반으로 5천 마리를 접었다. 학 종이를 접는데 왠지 모르게 마음이 편안해졌다. 단순히 수를 채워야 하는 종이접기였다면 10마리만 접고 지루해서 그만두었을 것이다. 하지만 어느새 학이 수북이 쌓여 있는 것을 보며 스스로도 놀랐다. 나는 그때는 단어도 몰랐던 명상이라는 것을 학 종이를 접으며 경험했다.

단순 반복의 작업이 정신건강에 좋은 이유는 단순히 생각하지 않기 때문이 아니다. 그 자체가 사색과 비우기 그리고 현재에 몰두하게 하는 힘을 주기 때문이다.

어릴 적, 일주일에 서너 번씩 목마 할아버지가 동네를 찾곤 했다. 리어카 두어 개를 개조해 이어 붙인 듯 했다. 천장에는 빨강, 파랑, 노랑 초록 등의 천막이 둘러져 있었다. 목마 할아버지가 동네에 올 때면 멀리서부터 동요가 들려왔다. 그 소리가 가까워질수록 내 심장도 빨리 뛰었다. 나는 어머니께 다급히 100원만 달라고 졸랐다. 마지못해 쥐어주시는 동전 하나를 받자마자 자리를 뺏길세라 부리나케 계단을 뛰어 내려가곤 했다.

단돈 100원으로 즐거운 노래를 들으며 신나게 목마를 탈 수 있었다. 지금은 동전만 넣고 가만히 앉아 있으면 예쁜 목마가 빛도 내며 움직인다. 하지만 그때는 사방에 스프링을 연결한 목마를 직접 온몸을 움직이며 타야 했다. 그래서 더 신났는지도 모른다. 손잡이를 잡은 두 손이 벌게져도 이상하리만큼 행복감이 들었다.

『몰입의 즐거움』의 저자인 미하이 칙센트미하이는 몰입을 '물 흐르는 것처럼 편안한 느낌',

'하늘을 날아가는 자유로운 느낌'이라고 했다. 몰입은 무언가에 흠뻑 빠져있는 무아지경의 상태를 말하기도 한다. 나는 태어나 처음 목마를 타며 하늘을 나는 기분을 느꼈다.

마음에 틈이 생기면
삶이 점점 재미가 없어진다.
마음이 든든하지 않고 채워지는 것 없이 불안하며
힘이 빠져나가는 것만 같다.
그러다 어느 날 공허한 마음을 느낀다.

마음이 꽉 찬 기분을 느낄 때는
즐거울 때, 행복할 때, 마음껏 소리 지르며 웃을 때,
기쁨에 벅찬 가슴으로 함박웃음 지을 때다.
그때의 마음은 에너지로 가득 차 있다.

마음의 틈을 느낀다는 것은 반대로
그동안 마음이 차 있었기 때문이다.
다만 그때는 알아차리지 못했을 뿐이다.

마음의 틈은

내 마음을 돌보지 않을 때

조금씩 티 나지 않게 생긴다.

마치 바늘구멍같이 작은 틈으로

바람이 빠져나가는 풍선 같다.

내 마음을 돌아보는 시간을 미루고 미루다

잊어버리게 된 것이다.

나 자신의 가치를 억눌러야 할 때,

주변 사람들을 의식할 때,

내가 좋아하는 일보다

하기 싫은 일들에

시간을 더 많이 할애할 때.

그럼에도 불구하고

내게 돌아오는 보상이 적거나 없을 때

우리는 울적한 마음을 합리화하며 감당하느라 애쓴다.

그리고 울적하고 괴로운 마음을 느끼지 않기 위해
내가 아닌 외부의 것에 집중하고 싶어진다.
일시적이지만 자극적인 것들로
허한 마음을 느끼지 않게 해주는 것들을 찾게 된다.

몰입은 살아있음을 생생하게 느끼게 한다.
그것은 자신을 사랑하는 길이기도 하다.
내 마음에 귀 기울이고
원하는 것을 마음껏 하도록 해주는 것이다.
마치 사랑하는 사람의 말을 정성껏 들어주고
도와주려고 정성을 기울이듯이 말이다.

마음의 틈을 채우는 방법은
자신을 즐겁게 하는 것에 빠지는 것이다.

세월은 피부를 주름지게 하지만,
열정을 저버리는 것은 영혼을 주름지게 한다.

– 더글러스 맥아더

마음의 틈은
내 마음을 돌보지 않을 때
조금씩
티나지 않게 생긴다.

11
선택 장애에서 벗어나려면

우리는 왜 선택 장애에 걸렸을까?

언제부터인가 우리는
최고의 선택을 해야 한다는 강박증에 걸렸다.
웃자고 하는 이야기지만 종종 우리는
'무엇을 먹어야 잘 먹었다는 소리를 들을까?'라고 말한다.
모르는 것을 고르는 확률적인 것에도
능력으로 어필해야 하는 것이다.
자존심에 머리를 굴리느라 선택을 못 한다.

우리가 무언가를 결정할 때
'마음을 정한다'고 한다.
그런데 머리로 정하려고 하니
계속 갈등한다.

시간이 지나면 그때 무엇을 골랐는지는 기억이 안 나고
고르기 힘들었던 기억만 더 선명하다.
머리로 선택하는 것과
마음에 드는 것은 다르다.

후회는 마음으로 하는 것이지
머리로 하지 않는다.
머리는 거들고 최종결정은 마음이 내리게 하자.

결정장애, 선택 장애를 겪는 이유는
자신을 믿지 못해서다.
결과에 대한 책임을 감수하기 싫어서다.
실패에 대한 불안감이 망설이게 한다.

어느 것도 선택하기 싫거나 다 원하는 때에는 더 그렇다.
정말 아무것이어도 상관없다면
눈을 감고 손가락이 짚는 대로 정하면 된다.
그렇지 못하는 이유는
선택은 하지만 그에 대해
잔소리나 비판은 듣고 싶지 않은 마음 때문이다.

스스로 결정해야 한다는 생각 없이 그저 독립만을, 마음대로 사는 것만을 추가하는 것은 차라리 누군가에게 묶여 사느니보다 못하다

− 프리드리히 니체

2장

내 꿈은 도대체 뭘까

꿈을 찾는 법

·
남들과 다름은
곧 나다움이다.
나를 표현하기 위해서는
자신만의 경험과 배움이
필요하다.

1
하고 싶은 게 없다고
생각될 때

인생은 비디오 게임과 같다

하고 싶은 게 없다는 건
꿈을 찾지 못했다는 말이다.

꿈보다는 먹고 살아야 할 돈을 버는 것이 먼저니까.
그래서 하루살이처럼 하루를 보내고
한 달을 버틴 보상으로
소소한 욕구를 충족하는
소확행 시민으로 살아간다.
사고 싶은 것, 즐기고 싶은 것, 누리고 싶은 것은 많지만
정말 내가 인생에서 이루고 싶은 것은 없다.

한편으로는 사고 싶고, 즐기고 싶고,
누리고 싶은 것이 있다는 게 다행인지도 모른다.
세상에는 그런 사소한 의욕마저도 없는
사람들도 꽤 많기 때문이다.

"인생은 비디오 게임과 같다.
당신은 그 게임 속 메인 캐릭터로 원하는 캐릭터를 정할 수 있
다. 만약 그 캐릭터가 만족스럽지 않다면 다시 시작하면 된다.
내가 그랬던 것처럼."

— 제롬 자르

제롬 자르Jerome Jarre는 마케터이자 CEO이다.
그는 구호사업 등 평화를 위해 일하는 인도주의자다.
그는 19살 때 경영대학원을 중퇴했다.
그리고 중국으로 건너갔다.
이후 6번의 스타트 업에 실패했다.
게임 리셋을 적어도 7번 이상 한 것이다.
하지만 그 실패들 하나하나가 그를 거인으로 만들었다.

실패는 끝이 아니라

현재의 내 위치를 알게 된 것뿐이다.

그리고 실패를 통해 자신의 마음을 점검할 수 있다.

그래서 모든 성공자들이 실패를 두려워하지 말라고

그토록 이야기 한 것이다.

진정한 자신을 찾고 싶다면

제롬 자르처럼 일단 원하는 캐릭터를 정해보자.

실패하더라도 죄책감 없이

새로운 마음으로 다른 캐릭터로 다시 시작해보자.

멋진 일을 해내려면 자신이 하고 있는 일을 좋아해야만 한다.

아직 그런 일을 발견하지 못했다면 계속 찾아 나서야 한다.

– 스티브 잡스

생각하는 힘

하고 싶은 것이 없다는 생각이 들면
삶이 초라하게 느껴진다.

자주 생각하는 것들이 커져서 꿈이 된다.
자주 생각하기 위해서는
생각할 것들이 필요하다.
그리고 생각하는 힘이 있어야 한다.

김밥 CEO로 잘 알려진 김승호 회장은
고등학교 때 선생님이 적어 주신 120권의 책을 읽고
생각하는 힘을 기르게 되었다고 한다.

꿈은 밖이 아닌, 안에서 찾는 것이다.
성공은 습득하는 능력보다
생각하는 능력으로 정해진다.

다양한 지식과 지혜가 안으로 들어오면

잠재의식은 자신에게 맞는 것들로 정리해서

자연스럽게 내가 원하는 것들을 떠올리게 할 것이다.

삶을 사랑한다는 것은

내가 하고자 하는 것을 찾고,

의지와 열정을 담아

나만의 가치관과 철학으로 나아가는 것이다.

세상에 필요한 건 자신의 진심을 발휘하는 치유자와 문제 해결사들이다.

머리보다 마음의 힘이 강함을 깨닫고 내면의 힘의 존재를 발견하는 사람이 성공한다.

— 팀 페리스

실패는 끝이 아니라
현재의 내 위치를
알게 된 것뿐이다.

2
그동안 내가 배운 모든 것은
누구를 위한 것이었을까

대학교 졸업까지 십수 년 동안 우리는
진짜 삶을 위해 필요한 것은 배우지 않았다.
삶을 살아가는 내적 힘을 키워주는 과목은 없었다.

우리가 배운 모든 것은
사회 시스템 일부가 되기 위한 것이었다.
스스로 생각하는 힘보다
생각을 따라가게 하는 습관을 심어주었다.

우리가 배운 모든 것이
진정 우리를 위한 것이었다면
그 십수 년의 시간 동안
꿈을 찾았을 것이다.

우리가 배운 모든 것이
진정 우리를 위한 것이었다면
스무 살 자신의 삶을 소중하게 여겼을 것이다.

그러니 이제부터는
진짜 자신을 위한
배움을 시작해야 한다.
우리는 기회가 없었을 뿐이다.

자신을 위한 배움은
스스로 찾아가는 과정에 있다.
결과물을 습득하는 것이 아닌
생각으로 창조하는 법을 습득해야 한다.

유대인들은 자립적으로 자라고
주도적으로 답을 찾아가는 교육을 받는다.
선생님은 정답이 아닌,
생각하는 방법을 가르쳐준다.
아인슈타인이 천재가 된 것은
후천적 교육 덕분이었다.

여러분의 시간은 한정되어 있습니다. 그러니 다른 누군가의 삶을 사느라 인생을 낭비하지 마십시오. 다른 사람들이 생각해낸 결과물에 따라 사는 도그마에 빠지지 마십시오. 다른 사람들이 목소리가 여러분 내면의 목소리를 삼켜버리지 못하게 하십시오.

그리고 무엇보다 중요한 것은 여러분의 가슴과 직관에 따라 살 수 있는 용기를 내는 것입니다.

여러분의 가슴과 직관은 여러분이 진정으로 되고 싶어 하는 모습을 이미 알고 있습니다.

그 외에 모든 것은 부차적인 문제입니다.

– 스티브 잡스

자신을 위한 배움은
스스로
찾아가는 과정에 있다.
결과물을 습득하는 것이 아닌
생각으로 창조하는 법을
습득해야 한다.

3

꿈이 부담스럽게 느껴질 때

꿈은 하나의 장면이다.

꿈은 또

하나뿐이지도 않다.

당장 내일 일어나길 바라는 일도 꿈이다.

꿈은 내가 하고 싶은 모든 것이다.

그러니 마음껏 꿈을 가져도 된다.

꿈은 작은 것에서부터 키워 나갈 수 있다.

또 꿈은 공표하지 않아도 된다.

꿈은 품는 것이기 때문이다.

작은 꿈도 있고, 큰 꿈도 있다.

꿈이 작다고 비난하는 사람의 말은 무시하자.

당신의 꿈을 질투하는 사람일 뿐이다.

다른 사람의 꿈이 아무리 크다 한들
부러워할 필요도 없고, 비교할 필요도 없다.
꿈은 자신이 바라는 삶이다.

꿈은 다양한 직업들을 품는다.
그러니 하나의 직업이라는 작은 틀에
꿈을 끼워 넣으려 하지 말자.
꿈은 그만큼 쪼개지거나 시들해질 것이다.

꿈이 없다는 건 어쩌면,
현실, 시선, 한계라는 울타리 때문에
작아지고 시시해져
꿈으로 인정하고 싶지 않은 것인지도 모른다.
꿈은 거창한 것이 아니다.

다른 사람들의 창작물과 꿈은 대단해 보인다.
오디션 프로그램을 보며 울고 웃는다.
하지만 정작 내 삶에는
제발 아무 일도 일어나지 않길 바란다.
꿈은 피곤한 것, 치열하게 나를 희생해야만
얻을 수 있는 것이라는 고정관념 때문이다.

"안되면 말고!"라는 생각으로
자유롭게 원하고 요구하자.

꿈을 품기를 두려워하지 말자.
내 꿈을 쑥스러워하지도 말자.
그냥 한번 질러보자.

어릴 적 대공원에 갔을 때였다.
솜사탕을 먹고 싶은 마음이 굴뚝 같지만
어차피 말해도 부모님은 안 사주실 것 같아
말도 못 꺼내고 꾹 참고 있었다.

그런데 오빠가 솜사탕을 사달라고 부모님을 졸랐다.
당연히 혼날 줄 알았는데
부모님은 기분 좋게 솜사탕을 사주셨다.
순간 나는 뒤통수를 맞은 듯 어리둥절했다.
혼날까 염려하기 전에
말이라도 해볼 걸 후회가 되었다.
인생에 이런 일들은 참 많다.

꿈을 실현하는 비결을 알고 있는 사람이 정복할 수 없는 것은 없다. 그 비법은 호기심, 자신감, 일관성, 용기이다. 이 중 가장 중요한 것은 자신감이다.

- 월트 디즈니

꿈이 없다는 건
어쩌면,
현실, 시선, 한계라는 울타리 때문에
작아지고 시시해져
꿈으로 인정하고 싶지 않은
것인지도 모른다.

4
직업이 꿈은 아니다

꿈은 내가 표현하고자 하는 가치다

초등학교 2학년에 갓 올라갔을 때 일이다. 담임 선생님은 자기 소개 겸 장래희망에 대해 한 사람씩 일어나 이야기하라고 하셨다. 곧 내 차례가 되었다.

"저는 약하고 힘없는 사람들과 연로하신 할아버지 할머니들을 위해 일하고 싶습니다."

나는 내가 생각해도 참 뿌듯하고 멋진 이야기를 했다고 생각했다. 아이들도 방긋 웃어주었다. 그런데 바로 다음 순간 담임 선생님이 웃으며 말씀하셨다.

"그래요. 진희는 양로원 원장님이 되고 싶다네요."

몇 초간 침묵이 흘렀다. 황당했다. 내가 생각했던 따뜻하고 풍요로운 가치들이 사라지고 대신 비좁은 직업인으로 규정지어지는 순간이었다. 아이들의 표정은 이내 비웃음으로 변해 있었다.

그때 처음 나는 어른들에게는 꿈을 명사로 답해주어야 한다는 것을 터득하게 됐다. 사람들은 내가 하고자 하는 것들을 진지하

게 들어주거나 깊이 생각해 줄 마음이 없으니 최대한 그 가치와
의미가 비슷한 직업으로 전달해야 한다고 말이다. 2학기가 된
후 교실 뒤 게시판에 있는 '나의 꿈, 나의 장래희망' 코너에 나는
'변호사'라고 명명하여 붙였다.

그랬던 우리는 이제 학습된 답정너가 되어
다시 아이들에게 꿈이 무엇이냐고 묻는다.

아이들은 생각이 유연하고 열려있어서
자신의 상상력을 풀어서 설명한다.
그러면 어른들은 짐짓 진지한 표정으로
한마디로 정리해 되묻곤 한다.
그렇게 또 열려 있는 한 세계의 문을 닫아준다.

꿈이란 직업이 아니다.
내가 이루고자 하는 가치다.
그것이 직업에 스며들었다면 명인이 되는 것이다.

직업으로 살아가는 나와

표현하는 삶을 사는 나가 있다.

무엇이 된다는 것은 꿈이 아니라 목표이다.

만약 당신의 꿈이 의사여서 어렵게 의사가 되었다고 하자.

꿈을 이뤘으니 행복할까?

의사라는 명함은 꿈이 아니다.

명함 너머에 있는 것이 꿈이다.

의사는 자신이 바라는 삶을 사는 데 필요한 틀이고,

자신의 가치관을 펼치는 것이 꿈이다.

의사로서 어떠한 삶을 살겠다는

신념과 의지가 꿈인 것이다.

많은 이들이 어렵게 명함을 얻어도 불행한 이유는

자신의 소명을 모르고 살기 때문이다.

사회의 관점대로 자신을 움직이며

보이지 않는 창틀에 갇혀 있기 때문이다.

허울뿐인 성공보다는 진정 가치 있는 인간이 되도록
노력하라

                                 - 알베르트 아인슈타인

꿈은 직업이 아니다.
내가 이루고자 하는 가치다.
꿈은 나의 소명을
실현하는 것이다.

5
방황도 습관이다

방황에는 몇 가지 이유가 있다.

첫째, 명확한 목표가 없어서다.
둘째, 스스로 생각하지 않아서다.
셋째, 제대로 실패해보지 않았거나 처음 실패해서다.

직장은 있지만
삶의 철학이 없고,
삶을 사랑하지만
감사함과 기쁨을 느끼지 못한다면
방황하는 것이다.

나의 소명을 찾으려 하지 않고
현실에서 맴돌기만 한다.
방황은 갈 곳을 잃은 것이다.
아무것도 시도하지 않는 것이 방황이다.

방황도 익숙해지면 습관이 된다.
방황은 행동함으로써 멈춘다.

실패는 방황이 아니다.
사실 그 실패마저도 없는 것이다.
과거의 실패는 배움일 뿐이다.

갈 곳을 잃었을 때는
안내해줄 정보가 필요하다.
지식과 지혜가 그것이다.

지식과 지혜는
자주적으로 생각하는 힘을 길러주고
목표를 설정해준다.
그리고 방황하는 습관에 빠지지 않게 한다.

스스로 어떤 생각도 하지 않는 사람이 방황자다.

– 나폴레온 힐

6
마음, 그거 어떻게 먹는 건데

마음먹는다는 것

의지는
어떤 일을 이루고자 하는 마음이다.
의지가 강하다는 건
목표를 이루려는 마음이 강하다는 것이다.

마음먹음은
이루려는 것이
자신에게 이롭다고 느낄 때 생긴다.

이루려는 것이
다급하거나 소중한 것일 때,
이뤘을 때
큰 기쁨이 되느냐에 따라
의지는 자연스럽게 강해진다.

마음먹은 것을 지키려면

먼저 자신에 대한 태도를 바꿔야 한다.

무엇을 하려고 하든

남들도 다하는 것이라고 생각하면

자신은 그저 평균적인 사람이 되고 만다.

무슨 일이든

'나'이기 때문에

특별하다고 여겨야 한다.

그것이 사실이기 때문이다.

우리에게 가장 소중한 사람은

자기 자신이다.

내게 일어나는 모든 일은 특별하다.

내가 마음먹는 일도 특별하다.

단순한 의지는 생각만으로 끝난다

마음먹은 것이 사흘을 가지 않는 건

이루고자 하는 일에
많은 시간이 걸리거나
자신이 가진 것보다
높은 능력이 요구되기 때문이다.

마음은
억지로 키우려 하고 유지하려 할수록
스트레스를 받는다.
따라서 의지에는
동기와 능력이 수반되어야 한다.

동기가 의지를 갖게 하고
의지는 능력을 키우며
성장은 다시 동기부여가 된다.

이 세 가지가 선순환될 때
열정이 되는 것이다.

열정은 열중하는 마음이다.
그래서 의지와 열정이 합해지면
목표에 더 빨리 다가갈 수 있다.

김연아 선수는 어릴 적 인터뷰에서 밴쿠버 올림픽 금메달리스
트가 되고 싶다고 말했었다. 그것은 그녀의 인생에 있어서 가장
크고 강한 소망이었다. 그 목표를 이루기 위한 계획과 원칙을 세
웠다. 또 실전에서 할 수도 있는 몇천 번의 실수를 연습을 통해
미리 했다.

그녀는 열악한 환경에서도 꿋꿋이 훈련을 강행했다. 부상이
잦아 컨디션이 좋은 날보다 좋지 않은 날이 더 많았다. 힘들면
쉬어도 된다는 말에도 눈물을 훔치며 정해진 연습시간을 다 채
운 뒤에야 링크장을 떠났다.

안무가 데이비드 윌슨은 그런 그녀의 의지에 열정을 더해준

사람이었다. 즐거운 마음은 고된 스케이팅 훈련에 활력을 주고 목표에 열중할 수 있게 하기 때문이다. 그녀는 뜨거운 의지와 열정으로 밴쿠버 올림픽에서 무결점의 완벽한 연기를 해내고 금메달을 목에 걸 수 있었다.

능력은 당신이 할 수 있는 것을 말하고,
동기부여는 할 일을 결정하며,
태도는 얼마나 잘할지를 결정한다.

- 루 홀츠

마음을 먹고 또 지키려면
먼저 자신에 대한
태도를 바꿔야 한다.

7
명확함의 특권

명확한 목표를 가지는 것이 목표를 이루기보다 어렵다

나는 달리기를 좋아했다. 전력 질주할 때 날아갈 것 같은 기분이 좋았다. 그래서 학창시절 100m 달리기에서 좋은 기록을 내곤 했다. 나는 달리기를 할 때 골인하는 마지막까지 전력 질주를 해야 더 좋은 기록을 낼 수 있다는 것을 알게 되었다. 그래서 목표를 100m 선이 아니라 그 뒤에 있는 나무까지로 정하고 뛰곤 했다.

출발선에 있는 친구들 중 일부는 막연히 빨리 달려야겠다고 생각했다. 또 일부는 딱 100m 지점을 목표로 달렸다. 하지만 목표를 위한 목표를 명확하게 잡은 나보다 잘 뛰는 아이는 없었다.

명확한 목표란
머릿속에 선명하게 박힌 생각이다.

명확한 목표를 세우면
목표를 이루는 것은 생각보다 쉽다.

그래서 명확함은
성공자들의 특권이기도 하다.
성공자란 그저
자신이 바라는 것을 이룬 사람이다.

졸업 후의 진로는 걱정은 되지만
이제 막 광고가 끝나면 시작될 드라마에서 눈을 떼지 못한다.
목표가 너무 멀리 있기 때문이다.

당장 내일이 시험이라면 어떨까?
목표가 분명해진다.
드라마가 문제가 아닐 것이다.
게다가 시험 볼 과목도 정해져 있다.
평소 공부를 안 하던 사람도 점수는 잘 받고 싶을 것이다.
그래서 시험 범위에서 나올 법한 포인트를 찾게 된다.

목표는 명확하고 가까울수록
의지와 실천력은 배가 된다.

앞으로 다가올 '8년'에 신경 쓰기보다는 코앞의 '8일'에 더 집중
하는 삶을 살라.

— 게리 베이너척

목표는 종이에 적을 때 뚜렷해진다

인생의 명확한 목표를 찾고 싶다면
자신이 어떻게 살아왔는지
인생의 중간 보고서를 써보자.

머릿속에 막연하게 떠오르는 바람이라도
글로 적으면 목표가 된다.
목표가 글로 써지는 순간부터
실현 가능성이 높아지는 것이다.

모치즈키 도시타카의 『보물지도』는
보물과도 같은 인생의 목표를
찾을 수 있게 한다.

보물지도를 만드는 순간부터
목표가 생긴다.
또 목표와 가치관이 한눈에 들어오면
원하는 것이 명확해진다.

자주 들여다보는 것만으로도
보물을 얻을 수 있다.
자주 보고 자주 떠올릴수록
자연스럽게 아이디어가 떠오르기 때문이다.

우리 중 약 95%의 사람은 자신의 인생 목표를 글로 기록한 적
이 없다. 그러나 글로 기록한 적이 있는 5%의 사람들 중 95%가
자신의 목표를 성취했다.

― 존 맥스웰

명확한 목표에는 명확한 가치관이 따라야 한다

목표를 세울 때 가치관이 중요한 이유는
가치관이 목표를 이룰 때
윤활유 역할을 하기 때문이다.

보통 금융상품에 투자할 때도 투자성향을 분석한다.
안정성을 추구하는지,
위험을 감수하여 과감하게 투자하는지.

안정성을 추구하는 사람이
주식을 하면 고통스럽다.
반대로 위험을 감수할 만큼 과감한 사람이
은행 적금의 이자가 성에 찰 리 없다.

인생도 투자와 같다.
단순히 취직하고 싶다,
사업을 하고 싶다 등의 목표보다
자신의 성향과
중요하다고 생각되는 가치를 먼저 알아야 한다.

가치관과 성향에 맞아야
목표를 달성하는 재미가 생기는 법이다.

내성적이고 손재주가 좋은 사람이
영업 사원이 되려고 해도
책상에 앉아 이력서를 쓰려고 하지 않을 것이다.

하고자 하는 것이 있음에도
망설이고 미루고 있다면
그것이 자신과 타협점이 있는지 살펴봐야 한다.

내 삶을 남에게 맡기지 않으려면
내 꿈을 명확하게 가져야 한다.
그리고 지속해서 생각해야 한다.
이것이 씨앗이다.

                                              - 김승호

목표는
명확하고 가까울수록
의지와 실천력은
배가된다.

8
버킷리스트 옆 독서리스트

책은 원하는 목표에 도달하게 하는 정밀 지도다

한 해 수십 권의 고전을 읽는 페이스북 설립자 마크 저커버그,
생존과 성장을 위해 책을 읽는
중국 최대 부동산기업 완커 그룹 설립자 왕스,
독서광 마이크로 소프트 창업자 빌 게이츠,
6,000권 이상의 책을 읽은 소프트뱅크 사장 손정의,
투자를 시작했을 때부터
매일 한 권 이상의 책을 읽은 워런 버핏.

시대를 이끄는 리더는 모두 독서를 한다.
단순 지식을 축적하는 것이 아니라
변화를 읽는 힘을 기르기 위해서다.

사실 독서를 하지 않고 성공한 사람도 있다.
하지만 성공한 후에
독서를 하지 않은 사람은 없다.
책을 읽지 않으면
힘을 유지할 수 없기 때문이다.

중요한 것은
그들은 모두 책을 통해
자신을 믿는 힘을 키웠다는 것이다.

자신을 믿는 힘은
사람을 긍정적으로 변하게 한다.
그리고 의식을 확장시킨다.

의식이 확장된 사람은
자신의 현실을 창조한다.

또 그들은 모두
독서리스트를 통해
버킷리스트를 이루었다.

책을 읽으면
의미들이 머릿속에 자연스럽게 그려진다.
독서는 머릿속으로 그리는 연습이다.

다양하고 유익한 정보가 머릿속에 들어오면
마음속에서는 바람이 일어난다.

생각은 현실의 씨앗이 된다.
씨앗을 돌보면 열매를 맺듯
바람을 지속해서 떠올리면 현실이 된다.

한 권의 책을 읽음으로써 자신의 삶에서 새 시대를 본
사람이 너무나 많다.

— 헨리 데이비드 소로

책을 통해
자신을 믿는 힘을 키우고
자신을 믿는 힘은
사람을 긍정적이고
크게 만든다.

9

나를 채우는 것이
나를 표현한다

사람이 사는 이유는
자신을 표현하기 위해서다.
어떤 방식으로든 자신을 세상에 드러내고
표현하는 것에서 삶의 의미를 느낀다.

존재 자체만으로도 자신이 표현되지만
사람이기에 다른 생물과 달리
추상적이고 다양한 창조 활동을 할 수 있다.
더 많이 더 넓게 표현하고자 한다.

중요한 것은
어떻게 표현하느냐보다
무엇을 표현하느냐다.

보여주는 기법에도
내면이 담겼을 때
감동이 되기 때문이다.

남들과 다름은 곧 나다움이다.
나를 표현하기 위해서는
자신만의 경험과 배움이 필요하다.

창의력은 자신 안에서 나온 것이다.
사람마다 인생은 모두 창의적이다.
그래서 인생은 예술이다.

미야자키 하야오 감독은
창의력의 원천으로
다양한 체험과 독서를 강조했다.

나를 채울 수 있는 것은 무한하다.
물리적인 것부터 영적인 것까지.
다만, 나를 무엇으로 채우느냐에 따라
표현되는 것이 다르다.

내안의 채워진 의식이 나를 표현한다.

그래서 같은 것을 경험하고 배워도

자신만의 느낌대로 표현한다.

스펙을 덧붙이는 것보다

내면을 채워 우러나온

나를 내보이는 것이

자신만의 꿈을 이루는 전략이다.

지식은 두 가지 형태로 존재한다. 책에 저장된 생기 없는 형태와 사람들의 머릿속에 살아있는 형태. 결국, 두 번째 형태가 핵심이다. 첫 번째는 필수불가결한 것이기는 해도 열등한 위치일 뿐이다.

- 알베르트 아인슈타인

남들과 다름은
곧 나다움이다.
나를 표현하기 위해서는
자신만의 경험과 배움이
필요하다.

10
열정은 어디서 오는 걸까?

열정이란

많은 사람들이 열정을 가지라고 외친다.
희망찬 기분은 든다.
그런데 그것이 끝이다. 없다. 이어지는 것이 없다.

열정은 내가 가지고 싶다고 해서
물건처럼 얻어지는 것이 아니기 때문이다.
기분의 문제라면 사고를 전환해서 바꿔볼 수도 있다.
하지만 열정은 에너지다.

에너지는 밖에서 얻을 수 있는 것이 아니다.
열정은 내 안에서 뿜어져 나오는 에너지다.
무언가를 이루기 위해 뒷받침된 에너지를
열정이라고 할 수 있다.

원하는 것을 이루기 위해 열정이 필요한데

그 열정을 가지기 위해 또 무슨 노력을 해야 한다는 것인가?

희망과 의욕이 없는 사람에게

열정을 가지라는 말은

또 다른 과제로 느껴질 것이다.

내가 해야 하는 것에 의도적으로

열정을 가진다는 것은 앞뒤가 안 맞는 말이다.

오히려 열정은 알아차리지 못하는 경우가 많다.

왜냐하면 열정을 가진 순간에는

나를 잊기 때문이다.

열정은 하고 싶어 미치는 것이기 때문이다.

숙제를 해야 하지만 나가서 게임을 하고 싶은 마음에

엉덩이가 들썩거리는 것이 열정이다.

원하는 장난감을 사기 위해 아버지의 구두를 닦고,

어머니의 심부름을 자처하는 것이 열정이다.

원하는 것을 가지기 위해, 혹은 달성하기 위해
위험을 감수하거나 귀찮음을 감내하고
피곤함을 느끼지 않는다면
그것이 열정인 것이다.

맛집을 찾는 과정과 찾아가는 수고를 즐기고,
좋아하는 연예인을 보기 위해 추위와 더위를 감수하며,
월드컵 때 우리나라 선수들을 새벽까지 응원하는 것 등.
열정이란 좋아하는 것,
가치가 있다고 생각하는 것을 추구할 때
한시적이지만 나도 모르게 열을 올리는 일이다.

시간 가는 줄 모르는 것들,
내게 즐거움을 주는 모든 것들에게서 열정이 생긴다.
우리는 그것을 진부한 단어로 취미라고 부른다.

나를 위한 열정,
내가 이루고자 하는 가치를 위한 열정은
나를 성장시키고
나의 삶을 좌우한다.

내가 원하는 것을 목표라고 한다면
목표를 이루기 위해
적극적으로 노력하는 것이 열정이다.

그러므로 열정적이 되고 싶다면
잠들기 전이라도
작든 크든, 물질적이든 정신적이든
원하는 것을 찾고 떠올려보자.

열정은 일차적으로
내가 행복해지는 일을 할 때 생긴다.
그리고 그 일이 다른 사람들에게도 영향력을 줄 때
확장되고 오래 지속된다.

먼저 자신이 행복해지는 일을 발견해야 한다.
내가 잘 할 수 있을지 아닐지는 다음 문제다.
누군가와 비교하지도 말고
오로지 자기 마음만 보는 것이다.

이 세상에는
같은 직업, 같은 일을 하는 사람들이 무수히 많다.
그럼에도 각자 다르게 산다.
우리 모두에게는 고유한 에고가 있기 때문이다.

우리가 하고 싶고, 하려고 하는 일도 마찬가지다.
생각보다 타인은 당신이 하고자 하는 일에 큰 관심이 없다.
심지어 가족도 그럴 수 있다. 그러니 눈치 보지 말고
뭐든 하고 싶은 일이 생기면 해보는 것이다.

그래야 내 열정에 불을 붙일 기회가 생길 것이다.
열정은 내적이든 외적이든 뭐라도 해야 따라 움직인다.

또 열정은 불과 같아서
한쪽에 열정이 타고 있으면
다른 것에도 쉽게 옮겨붙는다.

열정이 불붙은 취미가 하나만 있으면
다른 일들도 그 열기의 영향을 받게 된다.
심지어 어느새 같이 불타오르기도 한다.

이미 열정적인, 심장이 뜨거운 사람이 되었기 때문이다.

이제 그 사람은 무엇을 해도 열정적으로 하게 된다.

의도하지 않아도 저절로 그렇게 된다.

에너지가 넘쳐서 일을 확장 시켜 나가기도 한다.

열정은 나 잘난 맛에 하는 것

나는 어릴 때부터 다양한 것을 동시에 배운 경험이 있다. 지금
처럼 예체능 학점과 수행평가를 위해 학원에 다닌 것이 아니었
다. 어머니의 교육 열성 덕분에 받은 혜택이기도 하다. 유치원에
들어가기 전부터 미술학원에 다녔고 동시에 피아노를 배우기 시
작했다.

유치원에 다닐 때는 한국무용을 배웠다. 유치원 문을 나서면
바로 무용학원이 있었다. 하원 후 친구들이 집으로 갈 때 나는
무용학원에서 부채춤, 북춤을 추고 장구를 쳤다. 초등학교에 들
어가면서부터는 오빠를 따라 영어학원에 갔다. 2학년 때부터는
매해 피아노 콩쿠르 출전을 위해 반년 이상은 하루에 5시간 이상
피아노 연습을 했다. 그러면서도 서예학원과 미술학원도 다녔고

속셈학원도 다녔다. 초등학교 3학년부터는 다니던 영어학원에서 주말마다 일본어를 배우기 시작했다.

　다행히 나는 특별히 부진한 것 없이 모든 것들을 잘 소화했다. 학교에서 개최한 각종 대회의 거의 모든 분야에서 입상할 수 있었다. 심지어 활동적인 두 살 위 오빠와 다양한 스포츠를 겨루며 운동신경도 키울 수 있었다.

　많은 분야를 배우면서도
　지치지 않았던 이유 중 하나는
　각각에 흥미를 느끼고 성취감과 열정을 경험했기 때문이다.
　물론 부담감이 크지 않았기 때문이기도 하다.
　대외적으로 인정을 받고 상을 받는 것이 기분 좋기도 했다.

　하지만 더 중요한 것은
　스스로 자랑스러움을 느끼고
　그 과정에서 열정을 경험했다는 것이다.

만약 내가 배운 것들을 전부 점수화해서
내 미래를 결정 짓는다고 했다면
내 경험 정보들은 완전히 달라졌을 것이다.
부담감에 재미가 반감됐을 것이기 때문이다.

힘들어도 재미가 있으면 시간 가는 줄 모른다.
재미가 있어야 열정이 생기고 그것이
힘듦을 힘들지 않게 해주는 원동력이 된다.

시간이 '순삭'되는 것들을 찾아서 열거해보자.
그리고 그것이 무엇이든 소비했다면
스스로 그 흥미를 잇는 생산적인 일을
하나만 해보기를 바란다.

몰입해서 시간 가는 줄 모르는 것들에는
TV, 웹툰, 소설, 게임, 영화, 만화 등이 있다.
또 오락, 맛집 가기, 쇼핑, 수다, 여행과 같이
체험하고 소비하는 것도 있다.
욕구 충전은 중요하다.
그리고 즐길 거리는 인생을 업데이트해준다.

그러나 창조하고 생산하는 몰입은
인생을 업그레이드해준다.

소비하는 것에 그치지 않고
생산하는 과정에서 우리는 진정한
배움을 얻을 수 있기 때문이다.
그것에 즐거움이 더해지면
일회적 욕구도, 유익한 욕망도 동시에 이룰 수 있다.

예를 들면, 한 시간이 20분처럼 느껴지는 드라마를 보고 그 뒤
의 전개를 짧게나마 글로 적어보는 것이다. 그리고 실제 다음 회
의 사건 전개와 비교하는 것이다. 보통은 드라마 내용의 결과에
일희일비하는 것으로 그치고 그 뒤를 궁금해만 한다. 감정을 소
비했다면 다시 내 것으로 채우는 생산을 하자. 그것들이 쌓이면
나의 보물이 된다. 웹툰이나 게임도 마찬가지다.

재미를 느끼고 스트레스를 해소하며 정신적인 보상을 받기 때
문에 중독성을 가지게 된다. 마음껏 풀고 게임이나 웹툰을 즐기
며 느꼈던 것, 인상적인 부분들을 따서 기록해보자. 또 웹툰을

통해 얻은 영감들을 내 삶에 적용해 본다면 어느 순간 자신만의
세계가 만들어져 있을 것이다.

사람들은 우리가 삶의 의미를 추구한다고 말한다.
하지만 나는 그렇게 생각하지 않는다. 우리는 살아있
는 경험을 추구한다.

– 조지프 캠벨

나를 위한 열정,
내가 이루고자 하는 가치를 위한 열정은
나를 성장시키고
나의 삶을 좌우한다.

상상과 믿음만큼 좋은 것은 없다

한 걸음 나아가는 용기

지금의 내가 가능할 것인지는
중요하지 않다.
지금 내가 상상할 수 있는지가
중요하다.

1
상상과 믿음만큼
좋은 것은 없다

상상의 힘

중학교에 들어갈 때쯤 『신념의 마력』이라는 책을 접했다. 책에는 자신이 원하는 것이 있다면 원하는 장면을 주문을 외우듯 상상하면 이루어진다고 했다. 거짓말 같은 그 말에 나는 괜히 가슴이 두근거렸다. 정말 그것이 사실이라면 나는 무엇이든 상상만하면 되는 것이었다. 하지만 믿음이 없었기 때문에 그 생각은 흩어졌다. 사실 경험이 없던 것은 아니었다. 다만 우연이라고 생각했을 뿐.

대학교 2학년 때 일본으로 교환 유학을 갔다. 한창 재즈댄스에 빠져있던 때였고, 연말에는 공연도 예정되어 있었다. 나는 교환유학도 가고 싶었지만 1년간 춤을 쉬어야 한다는 생각에 슬프기도 했다. 일본은 10월에 학기가 시작된다. 나는 일본에서도 춤에 대한 생각이 떠나지 않았다. 공연에 참여할 수 없게 되어 아쉬워

매일 잠들기 전 혼자 상상하곤 했다.

그곳에는 한인 유학단체가 있었다. 한국 유학생들이 일본 생활에 적응할 수 있도록 도와주었다. 학기가 시작되고 함께 저녁을 먹는 자리였다. 분위기가 무르익자 한 선생님이 선물이 있다고 했다. 바로 한국 항공권이었다. 기간은 일주일이었고 때마침 공연 시기와 겹쳤다. 나는 순간 가슴이 쿵쾅거렸다. 항공권은 한 장뿐이었다. 나는 가위바위보로 10명 가까이 되는 유학생들 제치고 항공권을 획득할 수 있었다. 한국에 온 나는 공연 사회를 맡으며 함께 시간을 보낼 수 있었다. 우연이라고 하기에는 모든 것이 맞아떨어진 이벤트였다.

로스터리 카페에서 일했을 때의 일이다. 힘들었던 3개월간의 수습 기간을 견디며 정규 바리스타가 될 날을 상상했다. 그때는 상상의 힘을 알지 못했지만, 상황이 힘드니 바라는 장면을 구체적으로 상상하곤 했다. 나는 프로 바리스타로서 안정적으로 일하는 미래의 내 모습을 그렸다. 그리고 지인들과 방문한 전 직장의 소장님이 나를 발견하고 놀라워하는 장면도 떠올렸다.

그런데 정말 9개월 후 내가 상상했던 일이 일어났다. 소장님이 지인분들과 함께 내가 일하고 있던 가게에 방문하셨던 것이다. 하지만 아무에게도 내가 상상했던 일이 진짜로 일어났다고 말할 수 없었다. 벅찬 느낌을 나누지 못해 답답했다. 동료들은 그저 우연히 지인을 만나 반가워하는 것이라고만 생각했을 것이다. 하지만 내게는 놀랍고 특별한 경험이었다.

힘들수록, 결핍을 느낄수록
내가 원하는 것이 무엇인지
더 또렷하고 확실해진다.
그래서 시련은 축복이다.

최선을 다해 해내겠다는 다짐보다
더 강하게 나를 움직이게 하는 것은
이미 그것을 하고 있는 나를 상상하는 것이다.

복잡한 논리보다
이미지 한 컷의 힘이
훨씬 강력하다.

상상은
우리의 몸과 생각을
빠르고 강력하게 움직이게 한다.

집에 맛있는 것이 있거나
퇴근 후 즐거운 일이 예정돼 있을 때
우리의 마음은 이미 그곳에 가 있다.
상상이 곧 명확한 목표인 것이다.

꿈을 꾼다는 것은
내가 원하는 상황을 상상하는 것이다.
그리고 자유롭게 상상한 것을
내 손으로 만들어가는 것은
힘들어도 재밌을 수밖에 없다.

꿈이란 무엇이 되느냐가 아니라
어떤 내 세상을 만드느냐다.

'꿈'을 향해 당당히 나아가고 자신이 '상상'한 삶을 위해 노력한다면 평소 예상치 못한 성공을 맞이할 것이다.

－ 헨리 데이비드 소로

꿈을
꾼다는 것은
내가 원하는 상황을
상상하는 것이다.

2
상상에 브레이크를 거는 이유

상상에 대한 선입견

많은 사람들이
'현실 가능한'이라는 틀에 갇혀
자유롭게 상상하기를 머뭇거린다.
현실적이지 않으면
낙오자가 될 것이라는
강박에 걸려있다.

사회는 공상, 상상하는 것을
쓸데없는 시간 낭비라고 여긴다.
'상상'이라는 단어에 편견이 있어서다.

상상은 예술을 하는 사람에게만 필요한 것이 아니다.
삶 자체를 창조하는 모든 사람의 권리이다.

'생각'을 하면 현실에 갇힌다.
그러나 '상상'을 하면 자유롭다.

눈에 보이는 것들이 현실이라고 믿지만
그 현실을 만든 것이 바로 상상이다.

그러므로
지금의 내가 가능할 것인지는 중요하지 않다.
지금 내가 상상할 수 있는지가 중요하다.

내 꿈인데 왜 눈치를 볼까

어쩌다가 우리는
꿈마저도 타인의 시선을 의식하게 되었을까?
점점 꿈이라는 단어가 부담스럽게 느껴진다.

마땅히 꿈이라고 할 만한 것이 없거나 자신이 없어서다.
실현 가능한 꿈. 먹고 살 수 있는 꿈.
이쯤 되면 누구의 생각으로 꿈을 꾸는지 모르겠다.

꿈은 실현한다는 것은
나의 철학과 능력을 세상에 드러내는 것이다.
내 꿈인데 눈치가 보이는 것은
그것이 진짜 내 꿈인지 명확하지 않아서다.

나는 다시 삶을 산다면
10대에는 해야 하는 것보다
원하는 것을 많이 하고
20대 때는 원하는 것을
해야 하는 것으로 도전해보고
30대 때는 최소한의 해야 할 일과 함께
소명을 확장하고 싶다.

내가 다양한 분야에 많은 시간을 들였는데도
꿈을 고르지 못했던 데는 두 가지 이유가 있다.

첫째는 배움과 학습을 오롯이 즐기려고만 했다는 것이다.
잘해서 무엇이 되려는 생각,
남들과 경쟁하고 싶은 마음이 없었다.

둘째는 막상 진로를 선택할 때

그 선택에 내 생각보다

다른 사람의 생각을 더 믿었다는 것이다.

카리스마 있고, 권위 있는 사람들의 추천에 길들어져

내 생각을 과소평가했다.

아무도 내 생각에 무게를 실어주지 않았다.

내 선택을 믿어도 된다고, 그리고

설령 결과가 좋지 않더라도

창피한 일이 아니라고 말이다.

그대의 욕망은 구름과 같기에

그곳에 믿음이 없다면 비는 내리지 않는다.

— 네빌 고다드

지금의 내가 가능할 것인지는
중요하지 않다.
지금 내가 상상할 수 있는지가
중요하다.

3
확신을 갖는다는 것

솔직히 말하면 나도 나를 못 믿겠어

많은 자기계발서를 읽고 강연을 들어도
자신과 상황이 바뀌지 않는 이유는
삶에 적용하지 않아서다.
삶에 적용하지 않는 이유는
확신이 없기 때문이다.

자신을 믿고 용기를 내자,
자신을 믿고 도전해보자,
자신을 믿고….
살면서 많이 들었던 말이다.
하지만 자신을 믿는다는 말이
참 와닿지 않는다.

자신을 믿는다는 건 무엇일까?

자신에 대한 믿음은 어떻게 생기는 걸까?

우선 자신에 대한 믿음은

자신을 바라보는 관점에서 시작한다.

그런데 그 관점은 매우 협소하고 주관적이다.

무엇보다 그것은 문화적으로 학습된 관점이다.

자신에 대한 믿음을

개인적인 경험에 바탕을 두고

그것을 '나'라고 정의했기 때문에

'한정된 나'에 대한 믿음은 약할 수밖에 없다.

하지만 객관적 관점에서 보면

자신에 대한 믿음이 달라진다.

객관적 관점이란 인간에 대한 관점이다.

확장된 범주에서 보면

인간은 생각하는 존재이다.

생각이란 그 자체로 파동을 가진 에너지다.
인간은 그 에너지를 이용해 변화해왔다.

그러므로
'인간은 생각하는 힘을 가지고 있다'는 믿음은
자신에 대한 믿음에 절대적인 확신을 준다.

우리가 믿어야 하는 것은,
눈으로 볼 수 없지만
상상으로 볼 수 있는 생각의 힘이다.
그리고 그것을 확신할 때
변화가 시작된다.

그것을 증명한 사람들을
우리는 이미 넘치도록 많이 알고 있다.

자신이 원하는 것을 받을 자격이 되는지 아닌지 스스로 판단하지 않는다. 스스로 판단하는 순간 즉, 의심 가득한 머리로 생각하는 순간 그것이 현실에 나타날 것이기 때문이다. 판단하지 말고 이루어진 결과를 상상하고 믿어야 한다. 그러면 그 결과대로 나올 것이다.

확신이 내 안에 들어찰 때까지 눈에 보이지 않는 주장에 믿음을 가져라. 내가 주장하고 있는 것, 그 안에 존재하는 확신은 큰 선물을 줄 것이다. 확신보다 더 강한 진동의 에너지는 없다.

– 나폴레온 힐

우리가 믿어야 하는 것은,
눈으로 볼 수 없지만
상상으로 볼 수 있는 생각의 힘이다.

4
지식이 아닌 의식의 문제

현대의 우리는 지식을 쌓느라 여념이 없다.
지식만 쌓은 사람의 가치는 시간이 지날수록 하락한다.
당장 빨리 쌓을 수 있는 것은 지식이다.
하지만 의식 없는 지식은 텅 빈 보석함일 뿐이다.

의식 수준은
'나'는 어떤 사람이고
어떤 가치관으로 살고 싶은지 아는 것이다.
그리고 나라는 존재가 얼마나 위대한지
스스로 깨닫는 것이다.
이것은 인성을 뛰어넘는다.

지식을 얼마나 빨리 많이 쌓느냐의

경쟁 시스템을 가진 나라가

세계 자살률 1위라는 오명은 놀랍지도 않다.

우울, 자존감 상실 등의 문제는

지식이 아무리 많아도

의식이 성장하지 않으면

아무 소용이 없다.

단시간에 많이 쌓는 지식수준으로

사회적 위치가 높아질 수는 있지만,

높이 올라갈수록 마음속 허함도 커진다.

그리고 의식을 채우기엔 이미

너무 많은 에고가 첩첩이 쌓여

자신을 포기하고 몰인격을 선택하기도 한다.

허무함이 자신을 삼켜버리도록 내버려 두기도 한다.

의식 수준을 높인다는 것은

나의 본질을 아는 것이다.

내면의 힘을 믿고 자유로워지는 것이다.

그래서 사춘기에 한 번쯤
'나는 누구인가'라는 질문을 던지는 건
적절하고 중요하며 당연하다.

삶과 인간을 고찰하는 것이
당장 사회탐구 문제집 한 권을 푸는 것보다 더 가치 있지만
눈앞의 득점에 따라
인생이 달라진다는 다급함이 주입된다.

왜냐하면 부모도 잘 알지 못해서다.
그래서 진정한 부자는 대를 이어 부자가 되고
가난한 자는 가난을 대물리는 것이다.

의식의 차이가
처음에는 한 뼘인 것 같지만
나중에는 차원이 다른 삶의 질을 결정한다.

내면의 힘이 환경보다 우세하다고 과감히 믿는 사람
만이 위대한 무언가를 성취하는 법이다.

―브루스 바튼

의식 수준을 높인다는 것은
나의 본질을 아는 것이다.
내면의 힘을 믿고
자유로워지는 것이다.

5
인생도 수리가 되지만
셀프입니다

사람들은 자신의 소명을 찾는 일에
입시 준비할 때만큼의 노력을 기울이지 않는다.

일단 당장 시험을 잘 보고,
일단 대학에 들어가고,
일단 취업을 한다.
그렇게 점점 자신을 찾는 일은 미뤄지고
현실에 묻혀 사라진다.

돈이 많다고 삶이 덜 외롭고 덜 공허한 것이 아니다.
자신을 찾지 못했기에 외롭고 공허한 것이다.

자신이 무엇을 원하는지 모르는 나머지
누군가 자신의 인생을 대신 설계해 주길 바란다.
결정권은 자신에게 있다는 것을 알면서도
타인에 대한 희망을 버리지 못한다.
하지만 자신밖에 할 수 없는 일이다.

일을 통한 성취감은
자신의 욕망을 채워주지 않는다.
인정받고자 성취한 욕구는
순수한 기쁨을 성취한 욕구와는 다르기 때문이다.

나의 이야기이기도 했다.
내 삶은 내가 결정해 왔다고 생각했다.
그런데 시간이 지나면 안일해졌다.
나는 내 삶의 노선을 찾기로 결정했다.

1년이 넘도록 3개월씩 월급을 밀려 받는
바보스러운 일을 그만두었다.
밀린 월급을 해결해줄 돈이 생겼을 때도
회사는 직원들의 삶을 챙기지 않았다.
신뢰 없는 희망 고문이었다.

하지만 모두 내가 선택하고 자초한 일이었다.

그래서 원망은 없다.

덕분에 나는

내 삶은 내가 통제하고 싶은

강한 열망을 느낄 수 있었다.

이제 내 가치는 내가 책정하기로 했다.

내 인생의 답을 타인이 결정짓도록 하지 말자.

인생의 최고의 황금기는 자기의 문제를 스스로 결정할 때이다. 당신의 문제를 남의 탓으로 돌리지 마라. 당신은 자신의 운명을 통제하고 있다는 것을 알아야 한다.

– 스티브 구디어

이제 내 가치는 내가 책정하기로 했다.

6
과거를 잊고 새로워지려면

마음 안에서는
시간과 공간의 경계가 없다.
지금도 우리는 어제의 일, 내일의 일을 지금 느끼고 있다.
틈날 때마다 과거와 미래의 감정을 끌어다
현재의 시간을 보내고 있는 것이다.

많은 사람들이 과거에서 벗어나 새롭게 살기를 바란다.
하지만 그러면서도 과거를 계속 붙들고 있다.
어떻게 과거를 잊는지,
과거를 꼭 잊어야 하는지
잘 모르기 때문이다.
사실 생각할 여유도 없다.
현재가 너무 괴롭고 힘들어서.

그러나 모든 답은 현재에 있다.

과거를 잊기 위해서는,
우선 과거라는 사실을 받아들여야 한다.

과거를 잊기 어려운 이유는
과거는 버릴 수 없다고 생각하기 때문이다.
기억에 붙은 감정들이
현재에는 없는 가짜임을 깨닫지 못했기 때문이다.

따라서 무조건
'이제 지난 일은 잊고 새롭게 출발하자!'라고 다짐해도
어느새 생각들이 자신의 마음을 붙잡고 있다.

무거운 기억은 평생을 간다.
그러면서 삶도 무거워진다.
당신을 붙잡고 있는 것은 바로 당신이다.

죽을 때 그동안의 일들이 필름처럼 지나간다고들 한다.
그처럼 우리가 태어나 지금까지의 과거들을 훑으면
굵직한 이미지들이 떠오를 것이다.
그것들이 내게 의미가 있었기 때문이다.

나는 명상을 통해
과거에서 자유로울 수 있음을 알게 되었다.

명상은 우리가 알고 있듯
나를 비우는 것이다.

나를 비운다는 것은
나라고 믿는 생각들을 내려놓고
흘려보내는 것이다.

내 머릿속에만 있는 과거,
내 머릿속에만 있는 사진들.
우리는 이것들을 '나'라고 생각한다.

나는 사진기억과 감정을
분리하고 버리는 작업을 통해
과거를 놓을 수 있었다.

과거에 마음이 붙어 있는 이유는
미처 정리되지 못한 감정 때문이다.
그것이 좋은 일이었던 좋지 않은 일이었든
몸은 현재에 있는데
생각은 무한 재방송만 하고 있는 것이다.

나를 비우면 비울수록 현재로 돌아온다.

묵은 때를 벗기고 장시간 목욕 후 밖으로 나왔을 때
가볍고, 산뜻한 느낌이 들 듯,
과거에서 자유로워질 때도 비슷한 느낌이다.

나라고 여긴 나를 비워야 새로워질 수 있다.
기존의 나를 비울 때
새롭고 창의적인 것들이 들어온다.

과거에서 가져올 것은 지혜뿐이다.
잠재의식도 반복적으로 느끼는 것들을 앎으로써
바꿀 수 있다.

한 발을 내딛는 동시에 뒷발을 땅에서 떼야 한다. 그러지 않으면 앞으로 나아갈 수 없다.

- 팀 페리스

과거를 잊기 어려운 이유는
기억에 붙은 감정들이
현재에는 없는
가짜임을 깨닫지 못했기 때문이다.

7
긍정적인 사람이 되는 법

1

긍정적인 사람들에게는

이루었거나 이루어진 기억이 많다.

이루어질 것이라는 자기 믿음이 강해서다.

다른 사람들이 시도했을 때 안됐던 일을 성공시켰던

경험도 많다.

될 것이라는 긍정적인 느낌이 넘치기 때문이다.

그래서 긍정적인 사람들은 도전을 반긴다.

도전은 곧

이루었다는 또 하나의 기억이 되리라는 것을

이미 알고 있기 때문이다.

자신을 믿는 힘은

경험할 때 가장 강력해진다.

책을 보거나 영향력 있는 사람들의 말을 들을 때보다

즉각적인 믿음을 가지게 때문이다.

이를 증명할 길은

경험 외에는 다른 방도가 없다.

긍정적인 사람은

많은 시간을 자신에게 집중한다.

끊임없이 자기를 돌아보고 인정하고 사랑한다.

그래서 같은 말을 해도 긍정적이다.

자신의 느낌대로 다른 사람에게도 말하기 때문이다.

2.

긍정적인 사람은

평가하고 비난하기 위해 집중하지 않고

배우기 위해 집중한다.

그래서 긍정적인 사람은 늘 발전한다.

어떤 분야든 한 종목에서 기량을 발휘하는 사람은
자신의 연습만큼 다른 사람의 작업도 눈여겨본다.
비교하는 것이 아니라 흡수하기 위해서다.
보는 만큼 자신의 것으로 만들 것들이 생기고
그만큼 자신은 업그레이드될 것임을 너무 잘 알기 때문이다.

3.
긍정적인 사람은
늘 긍정적이어야 한다고 생각하지 않는다.
좋은 면, 나쁜 면 다 본 후에도
좋은 느낌을 선택하는 자가 긍정적인 사람이다.

시야를 좁히고 한 면만 보는 것은
긍정이 아닌 두려움이다.
문제를 찾거나 인정하지 않고
자기 긍정만 하는 것은 자기기만이다.
그래서 잠깐의 위안으로 끝난다.
부정적인 면도 긍정하는 것이 진짜 긍정이다.

진정한 긍정의 힘은 두려움에게서 도망가는 것이 아니라 그 두려움을 인정하고 그냥 용기 있게 앞으로 나아가는 것이다.

– 닉 부이치치

자신을 믿는 힘은
경험할 때
가장 강력해진다.

8
한계를 극복하는 방법

한계를 극복하는 방법에는 두 가지가 있다.
하나는 한계상황에서 버티는 것이고
다른 하나는 한계라는 생각을 바꾸는 것이다.

한계라고 느끼는 상황에서는
버티기만 해도 이미 극복하고 있는 것이다.
마치 역도처럼 한계의 무게를 들고 버티는 것과 같다.
그 한계는 시간의 문제인 것이다.

또 한계의 무게를 버티는 힘은 습관이다.
습관은 체화된 것이어서 무의식적으로 작동된다.
습관은 한계라고 느낄 때도 자신을 나아가게 한다.
그러므로 습관은 시간을 버티게 해준다.

한편, 생각을 바꾸면
한계라는 상황을 다시 보게 된다.

한계를 극복해야겠다는 생각은
한계의 상황에 집중하게 하고
마음을 지치게 한다.

그러나 한계가 아니라 도전이라고 생각하면
시도라도 하려는 의욕이 생긴다.
그러면 부족한 점이 보인다.
그 부족한 점을 하나씩 채워가면
어느새 한 단계 성장해 있다.

출발하게 만드는 힘이 '동기'라면 계속 나아가게 만드
는 힘은 '습관'이다.

– 짐 라이언

9
후회하며 살 수는 없잖아

나는 어릴 때부터 언어 습득력이 좋았다. 그래서 언어를 배우는 것이 재미있었다. 재미가 있다는 것은 발전하는 것을 스스로 느꼈다는 것이다. 그래서 옆에서 억지로 시키지 않아도 혼자 책상에 앉아 노트를 펼치고 전날 배운 것들을 보고 소리 내 읽으며 내 것으로 소화했다. 학원에 가서는 내가 잘 소화한 것인지 확인하곤 했다.

또 나는 피아노 학원도 매일 다니고 있었다. 매년 피아노 콩쿠르에 나갈 정도로 열심히 다녔다. 그때는 음악성이 무엇인지 이해하지 못했다. 음을 틀리지 않고 바르고 빠르게 치는 것이 우선이라고 배운 나는 스킬 하나만으로도 콩쿠르대회에서 매번 상을 받았다. 그리고 그리 간절히 원하지는 않았던 예술중학교 입학 시험을 보게 되었다.

외국어에 더 흥미를 느끼고 있던 나는 합격이 된 것도 아닌데 왠지 모르게 마음이 울적했다. 그때 나는 내가 바라는 것을 상상하기보다 이미 합격한 상황과 울적한 감정을 생생하게 느꼈다. 그래서 바라지 않은 상황은 현실이 되었다.

나는 음악에 집중할 수 없었다. 개성 넘치는 아이, 부잣집 아이, 천재적인 아이들 사이에서 나는 정말 평범했다. 자존감이 하락했다. 무대 공포증도 생겼다.

그러던 나는 중학교 2학년이 되면서 처음 행복이라는 단어를 스스로 생각하기 시작했다. 그동안의 많은 학비, 레슨비, 부대 비용들보다 앞으로 소모될 나의 인생, 그리고 그런 내 학업 비를 충당할 부모님들의 돈과 시간이 더 아깝게 느껴졌기 때문이다. 미쳐 있지도 않은 피아노를 전공한 들 누구도 행복하지 않을 것이 분명했다. 부모님을 실망시켰지만 그때라도 솔직했던 것은 잘한 일이었다. 그 다음해에 IMF 외환위기가 닥쳤기 때문이다.

선택하는 것도, 포기하는 것도
그 답답함의 절정에 오르다 못해
짜증이 나려는 순간이 있다.
우리는 종종
다른 사람들의 눈에 좋아 보이는 선택지가 있을 때
시선을 의식해 후회할 선택을 하는 실수를 범한다.

매몰 비용 때문에 더 소중한 것을 놓치지 말자.

포기해도 괜찮고, 포기한 것을 다시 해도 괜찮다.

다 괜찮다. 다만 내 마음에 솔직해지자.

그렇다면 후회가 되더라도 금방 내려놓을 수 있다.

그동안의 시간과 노력 때문에

그동안 이룬 것 때문에

가슴 뛰는 것을 발견했을 때 쳐다만 보게 된다면

그 후회는 두고두고 자신을 무기력하게 만들 것이다.

인생은 마지막 날에도 변한다.

– 피터 아티아

다만
내 마음에 솔직해지자.
그렇다면
후회가 되더라도
금방 내려놓을 수 있다.

10
절박함이 가장 큰 추진력이다

사람이 변화하기 위해서는
번개처럼 나를 깨우치게 하는 계기가 있어야 하고,
관성에서 벗어나려는 노력을 해야 한다.
마치 우주선이 지구의 중력을 이기고
우주 궤도에 도달할 때처럼.

삶이 변하지 않는 것은
어떻게든 삶에 안주하고 있기 때문이다.
절박함의 상황을 경험해본 사람은
삶에 대한 태도가 달라진다.

변화는 어떤 식으로든
위기감을 느꼈을 때
가장 빠르게 시작된다.

절박함, 간절함은
관성을 이기게 하는 원동력이다.

절박하고 간절한 순간은 힘들다.
하지만 그렇기 때문에
그때 소원하는 힘은 강력해진다.
그때 소원을 제대로 말하면
이루어질 확률이 높다.

스노우폭스 김승호 회장은
자신의 목표를 짧은 문장으로 만들어
100일 동안 100번씩 써서
소원을 이루었다고 한다.
그렇게 해서 이루어지지 않은
소원은 없다고 했다.

100일 동안 100번을 쓰면
원하는 것이 머릿속에 각인된다.
그리고 그 생각의 에너지가
상황을 움직이는 것이다.

하루도 빼먹지 않고 쓴다는 게
쉬운 일은 아니다.
하지만 원하는 것이 명확하고,
간절한 사람에게는
상대적으로 쉽다.

경험해보지 않은 누군가는
말도 안 된다고 하겠지만
경험해본 누군가에게는
너무나도 감사한 일이다.

나는 불과 한두 달 전 100번 쓰기를 검증했다.

나는 단기간에 많은 돈을 빌려야 했다. 그래서 이자만 생활비의 몇 배가 나가고 있던 상황이었다. 점점 잔고가 바닥이 났다. 당장 다음 달 생활비는커녕 빚을 갚아야 할 돈도 없었다. 나에게는 500만 원이 필요했다. 더 이상의 합법적인 대출은 불가능했다.

나는 간절한 마음으로 소원을 100번씩 하루도 빠짐없이 써나갔다. 처음에는 500만 원을 썼다가 며칠 뒤 '1,000만 원이 입금

됐다.'라고 썼다. 신기한 것은 매일 써나가면서 이루어질 것이라는 믿음이 생겼다는 것이다.

그리고 한 달이 지나 카드 납부일 전날이 되었다. 일하고 있던 중 한 업체에서 전화가 왔다. 나는 그것이 카드깡인지도 모르고 걸려온 전화에 응했다. 밖에 있던 터라 카드가 없었다. 직원은 다음날 카드들을 사진으로 찍어 보내 달라고 했다. 찜찜했던 나는 인터넷 검색을 했다. 사실상 불법 대출이었다. 아무리 급해도 사채와 불법 대출만은 하지 않기로 했기에 포기했다. 그러나 내 속은 점점 타들어 갔다. 하지만 100번 쓰기는 계속됐다. 쓰는 동안에는 왠지 힘이 났다. 뜬눈으로 밤을 새웠다.

망연자실하게 맞이한 아침, 내 통장에는 기적처럼 500만 원이 입금됐다. 생각지도 못했던 지인이 선뜻 돈을 빌려주신 것이다. 그리고 2주 후에는 우연히 부동산 직원에게 조언을 얻어 집주인으로부터 보증금의 절반인 500만 원을 받을 수 있었다.

지금 아무것도 없는 것처럼 큰 밑천은 없다. 당신에게 없는 게 당신의 가장 큰 재산이다.

— 양희은

변화는 어떤 식으로든
위기감을 느꼈을 때
가장 빠르게 시작된다.

4장

함께 행복할 수 있다면

사랑하는 법

•
자신을 위한 사랑으로
타인을 사랑하자.
사랑은
좇지 않고 맞이하는 것이다.

1
소통과 각별함만 있으면 돼

흔히 자신의 주장에
찬성만 해주길 바라는 사람을 보고
말이 안 통한다고 한다.
소통이 아니라 일방통행이다.
그렇게 되면
이야기는 산으로 가고
소리만 남는다.

소통은
의견을 주고받는 것이 아니라
의견이 다르고 가치관이 달라도
그대로를 인정하는 것이다.

또 각자의 의견에
누가 더 잘났고 못났는지를
평가하지 않는 것이다.

한쪽이 긍정의 느낌으로 이야기할 때
그것을 이어받아
다른 의견을 말하면서도
생산적인 대화가 이루어진다면
그것은 소통이다.

그러나 맥락과 떨어진 다른 주제로
상대의 느낌을 반감시키며
부정적인 감정을 쓴다면
그것은 불통이다.

모든 관계에
시간과 에너지를 쏟을 수는 없다.
상처가 없을 수도 없다.
상처가 없다면
득도한 것이거나
그다지 의미 있는 관계가 아닌 것이다.

그 시간들이 쌓여
각별함을 만들고
일상을 풍요롭게 만든다.

그러므로 상처를 주고받더라도
소통으로 다시 회복할 수 있는 관계가
각별한 관계이다.

소통할 사람이 있다는 것만으로도
살아가는데 많은 위로가 된다.

소통과 각별함만 있으면
서로에게 의지가 되고 힘이 되는
감사한 관계가 된다.

다른 사람의 말을 신중하게 듣는 습관을 길러라.
그리고 될 수 있는 한, 말하는 사람의 마음속으로 빠
져들도록 하라.

– 마르쿠스 아우렐리우스

상처를 주고받더라도
소통으로 다시 회복할 수 있는 관계가
각별한 관계이다.

2

약점을 드러낼 때 편해진다

약점을 드러내면 더 이상 약점이 아니다

나는 어려서부터 독립성이 강했다. 부모님도 자기 일은 스스로 하라고 항상 말씀하셨다. 그 때문에 나는 무슨 일이든 혼자 해보려는 습관을 들였다.

하지만 다른 사람들은 잘 도와주면서도 정작 나는 누군가에게 도움 청하는 것이 불편했다. 차라리 혼자 하는 것이 더 마음이 편했다. 심지어 누군가 도와주려고 내 일에 손을 대면 괜히 불안하고 예민하게 굴기도 했다. 누군가에게 도움을 받거나 요청하는 것에 대한 불편했던 심리가 내재해 있던 것이었다. 도움을 요청하는 것은 나의 약점을 내보이는 것이라고 생각했다.

연애할 때도 똑같았다. 남자친구가 나를 도와주려고 할 때마다 나는 "괜찮아, 혼자 할 수 있어."라며 도움을 거절했다. 그래서 남자친구는 연애 전까지 나에게 다가오기가 힘들었다고 했다. 곁을 주지 않으니 자신을 싫어하는 줄 알았단다. 스스로 할 수 있어도 가끔 도움을 받는 것이 밀당이기도 한데 나는 철벽녀처럼 행동했던 것이다.

　새로 이사를 한 어느 날이었다. 아침부터 이삿짐을 옮기고 정리하느라 분주했다. 남자친구도 하루 휴가를 내고 이사를 도우러 와줬다. 오후가 되자 주문한 가구가 도착했다. 나는 금방 조립할 수 있다고 생각했는데 생각 외로 시간이 걸렸다. 남자친구는 처음 몇 번은 흘깃거리며 "잘돼가?"라고 물어봤다. 그때마다 나는 "응, 조금만 더 하면 될 것 같아."라고 답했다. 그리고 1시간이 지났다. 나는 여전히 가구를 붙잡고 낑낑대고 있었다. 그런 나를 보며 남자친구는 조심스럽게 또 물었다.
　"도와줄까?"

　나는 여전히 불안한 마음을 거두지 못한 채 어쩔 수 없이 고개를 끄덕였다. 남자친구는 그제야 활짝 웃으며 의기양양한 모습으로 팔을 걷어붙이며 말했다.
　"자기는 이제 좀 쉬어. 내가 아주 멋지게 만들어 놓을 테니까!"
　순간 나는 갑자기 복잡미묘한 기분이 들었다. 나 자신이 바보같이 느껴지면서도 기뻤다. 뭔가 허무한데 행복한 느낌이었다.
　'나도 누군가에게 의지해도 되는구나.',

'나를 흔쾌히 도와주고 싶어 하는 사람이 바로 옆에 있었구나.'
이런 생각이 들자 내 안에 트라우마가 사라지는 것 같았다.

우리 주변에는
늘 완벽할 것만 같은 사람이
한두 명씩 있다.
그런 사람들에게는 왠지 다가가기 힘들다.
다가가고 싶지만
보이지 않는 유리막이 있는 것 같다.

하지만 진짜 강한 사람은
자신을 사랑하는 사람이다.
자신을 사랑하기 때문에
약점을 드러내도 괜찮다고 생각한다.
그런 약점을 가진 자신이라도
사랑받을 수 있다고 믿기 때문이다.

연인 사이도 같다.

좋아하는 사람에게는

늘 좋은 면만 보여주고 싶고,

항상 좋은 사람이 되고 싶다.

그래서 연애를 하면 외모를 가꾸고,

안 하던 운동을 하거나 책을 보기도 한다.

그렇지만 늘 좋은 모습만 보여줄 수는 없다.

설령 그렇더라도

거리감을 느끼게 된다.

어느 한쪽이 완벽해지려고 하면

상대도 그에 맞추려고

눈치를 살피게 된다.

필요 이상의 정서적 긴장은

서로의 거리를 좁혀주지 못한다.

먼저 방어적인 자세를 버리면

상대도 편안함을 느낄 수 있다.

누군가에게 자신의 약점을 드러낸다는 것은

진심으로 그 사람을 믿고 의지한다는 뜻이다.

그러면 그 사람도 그것을 느낀다.

그리고 특별한 마음이 생긴다.

약점은 더 이상 약점이 아니라

그 사람의 개성이 되고,

관계의 일부가 된다.

돈독한 관계로 발전하게 하는

매개체가 되는 것이다.

자신의 약점을 털어놓는다는 게

쉬운 일은 아니다.

혹시라도 그 사람이 내게 등을 돌릴까 두렵기도 하다.

하지만 상처받지 않고

진실한 사랑을 찾기도 어려운 일이다.

자신의 그늘을 공유할수록

각자의 삶에 서로가 크게 자리하게 된다.

솔직함만큼 사람들 사이의 거리를 좁혀주는 것은 없
다.

– 레프 톨스토이

누군가에게 자신의 약점을
드러낸다는 것은
진심으로
그 사람을 믿고 의지한다는 뜻이다.

3
자신에게 착한 사람이
진짜 착한 사람

처음에는 스스로 좋아서
누군가에게 마음과 에너지를 쏟았더라도
시간이 지나면
보상받고 싶은 마음이 들기도 한다.

그 사람이 나를 이해해주지 못할 때,
서운하게 할 때,
또 내가 정성을 쏟는 것에 비해
그 사람은 그렇지 생각하지 않는 것 같을 때.

하지만 생각해보면 그 상처들은
그 사람이 준 것이 아니라
내가 만든 것이 대부분이다.

처음 마음과 달리,

내 시간과 에너지를 쏟고 정성을 다했으니

그 사람도

내 의견을 받아주어야 한다고 착각한다.

어떤 때는 내 생각을 강요하기도 한다.

그래놓고 마음대로 되지 않아 힘들어하는 것이다.

자기 자신을 있는 그대로

받아들이고 사랑하는 사람은

다른 사람도 그렇게 사랑한다.

하지만 자신을 아끼지 않은 채

다른 사람에게 모든 사랑을 다 던지면,

사랑을 준 만큼 행복해지지 않고

오히려 불행하다고 느낀다.

자신을 사랑하지 않으면

옆에서 아무리 잘 해주어도

부족함을 느낄 수밖에 없다.

사랑은

안에서 차올라 넘치는 것이지

밖에서 붓는다고 차는 것이 아니기 때문이다.

자신을 먼저 생각하는 것에

죄책감이 있다면

남을 배려하는 마음을

먼저 배웠기 때문일 것이다.

배려를 받아 본 사람이

진짜 배려가 무엇인지 알고

멋진 배려를 하게 된다.

자신보다 타인을 우선한다면

우리는 사랑받기 위해

마땅히 그래야 한다는 고정관념에

조정 당하고 있는 것이다.

두려움 때문에 양보하거나
사랑을 짜내지 말자.
두려움은 아무것도 하지 못하게 할 뿐이다.

받고 싶은 대로 베풀고 대하라는 말이 있다.
하지만 이 말에는
중요한 전제가 생략돼 있다.

"나는 내가 무엇이든
받을 만한 가치 있는 존재임을
지극히 잘 알고 있다."

자신을 사랑하지 않고
자신을 배려하지 않는 사람은
진정한 배려의 방법과
그 느낌을 알지 못한다.

그래서 자신은 배려하고 양보했다고 해도
상대의 무덤덤한 반응을 이해하지 못한다.
실망하거나 원망하기도 한다.

우리는 모두
나 자신이 가장 먼저다.

그러므로 사람들이 감사함을 느낄 때는
상대방이 그 자신에게 주던 사랑을
당신들에게도 나눠줌을 알 때다.

나를 아끼는 힘이 크고 단단할수록
내 주변 사람도 아껴줄 수 있다.
또 나를 아끼는 만큼
주변 사람들에게 든든한 신뢰를 줄 수 있다.
그러니 다른 사람의 마음만 들여다보느라
눈치 볼 필요는 없다.

사랑을 할 줄 아는 사람은 자기의 정열을 지배할 줄
아는 사람이다.
이와 반대로 사랑을 할 줄 모르는 사람은 자기의 정열
에 지배를 받는 사람이다.

− 호라티우스

사랑은
안에서 차올라 넘치는 것이지
밖에서 붓는다고
차는 것이 아니다.

4
나는 내가 소모되는 게 싫어

굿 걸 콤플렉스는
언제나 착하고, 바르며,
양보하고, 순응해야 한다는
틀에 갇혀 있는 것이다.
부정적인 감정을 표출하면
나쁘다는 믿음이 깔려 있다.

어릴 적 나는 엄마를 원망하곤 했다.
사랑하고 존경하는 마음도 컸지만
그만큼 미움도 컸다.

나는 자식이며 딸이기에
엄마의 고단한 삶과 힘든 마음을
당연하게 받아주었다.
하지만 엄마의 부정적인 말과
독한 감정들은 오랜 시간 이어졌다.
무겁고 무섭게 내 마음을 짓눌렀다.

그래서 나는 힘들면 안 되었다.
엄마에 비하면 나는 축복 받은 아이였으므로.
마음이 힘들어도 엄마가 더 힘든 것이고
몸이 힘들어도 엄마가 가장 힘든 것이어야 했다.
나의 힘듦은 나약하고 복에 겨운 것이었다.

바람만 불어도 웃었던 나는
"나는 힘든데 넌 뭐가 그렇게 좋아서 웃니?"란 말에
행복에 대한 죄책감을 느꼈다.
언젠가부터 엄마 앞에서는
기분이 좋을 때도 웃음을 눌렀다.

항상 가장 가까운 사람들이
엄마를 힘들게 했다.
그리고 그 한恨과 독이 담긴 소리는
내게 돌아왔다.

엄마의 마음을 이해해 줄 수 있었지만
내 마음은 이해받을 수 없을 것 같았다.

말하는 사람은 지치지 않는데
듣는 나는 소멸해가는 느낌이었다.
어느새 내 마음도
퍼렇고 까맣게 물들어가는 것 같았다.

나는 더 이상 엄마를 미워하지 않기로 했다.
다시 엄마를 사랑하기로 했다.
그래서 나는 독립했다.
원래의 나로 살기로 했다.

굿 걸 콤플렉스는
사랑을 주는 것처럼 보이지만
오히려 사랑받고자 하는 마음 그 자체다.

기쁜 마음이 아니라
애쓰는 마음이기 때문에
에너지가 고갈된다.

대외적인 관계에서도
좋은 사람이라는 평판은 얻지만
자기다움을 잃게 된다.

혹 어떤 관계에서
자신이 소모되는 느낌이 든다면
무리하게 애쓰고 있는 건 아닌지,
감정을 솔직하게 표현하지 못하고 있는 건 아닌지
생각해봐야 한다.

건강하지 못한 관계는 독이 된다.

자신을 움츠리게 하고
부정적인 말로
기운을 빼는 사람이 있다면
미워하는 감정이 커지기 전에
자신을 돌봐야 한다.

아무리 소중한 사람이라 할지라도 언제든 그를 떠나보낼 수 있어야 한다. 주변에 있는 잘못된 사람 한 명 때문에 삶 전체가 무너질 수 있다는 사실을 기억해야 한다. 피를 나눈 형제든, 내 유전자를 물려받은 자식이든 마찬가지다. '관계'라는 수레바퀴는 어떻게든 고쳐서 끌고 갈 수 있는 대상이 아니다. 새 바퀴로 교체해야만 삶이 더 단단하게 굴러간다. 떠나보낼 수 있을 때 떠나보내지 않으면, 그 사람이 나를 떠나보낼 것이다.

— 팀 페리스

5
편하다는 그 말이 섭섭한 이유

편함과 편리함의 차이

편하다는 건 좋으면서도 별로 좋지 않다.
구체적으로 어떤 느낌이냐에 따라 다르기 때문이다.

어떤 관계에서든
격이 없지만 특별한 사이인 것과
편리함으로 느껴지는 것은 완전히 다르다.

내가 그 사람에게 좋은 사람이구나 싶으면서도
결정적인 순간 뒷전이 되면
씁쓸해진다.

동료, 친구, 가족 관계에서도
좀 더 편한 사람에게
일을 부탁하게 된다.
연인 사이에는 좀 더 무리한 부탁도 한다.
내 편이라고 생각하기 때문이다.

편하다는 건
서로 의지하고 답답함을 나누는
소중한 관계이지
노력하지 않는 느슨한 관계가 아니다.
감사함이 없는 당연한 관계란 없다.

편한 사람이 된다는 것은
그 사람의 마음과 동일시하여
성의를 다해 살펴준다는 것이다.
많은 에너지를 쏟아
집중해주고 있다는 것이다.

그 고마움을 아는 사람은

편한 사람도 많고

편한 사람이 되어줄 줄도 안다.

이심전심에 대한 오해

하루는 감기몸살로 열이 심하게 났다. 기침이 심해서 거의 폐
렴 직전까지 갔다. 병원에 가서 진찰을 받고 영양수액까지 맞고
집에 와서 누워 있었다. 걱정이 된 남자친구는 퇴근 후 바로 달
려와 주었다. 온종일 아무것도 못 먹었다는 이야기에 죽도 사다
주었다.

나는 열 때문인지 갑자기 시원한 아이스크림이 먹고 싶어졌
다. 나는 남자친구에게 아이스크림을 사다 달라고 부탁했다. 남
자친구는 곧장 편의점에 가서 아이스크림을 사 왔다. 하지만 나
는 그가 사 온 아이스크림을 보면서 내가 원하는 아이스크림이
없다고 투정을 부렸다. 그는 아픈 내게 따지지는 못하고 미안하
다며 원하는 아이스크림을 사다 주었다. 하지만 그 후 남자친구
는 몇 번 더 다녀와야 했다. 사실 내가 그 아이스크림에 집착했
던 이유는 따로 있었다.

초등학교에 들어갔을 무렵이다. 평소 엄마는 과자나 아이스크림을 거의 사주지 않으셨다. 손님이 오거나 소풍 갈 때 등 특별한 날에만 사주시곤 했다. 그래서 친구 집에 갔을 때 냉동실에 아이스크림이 채워져 있는 것을 보면 부럽고 신기했다.

그렇지만 그런 특별한 날 외에 내가 아이스크림을 사달라고 당당히 이야기할 수 있는 때가 있었다. 바로 병원에 주사를 맞으러 가야 하는 날이었다. 아이스크림은 내게 주사를 용감하게 맞아주기로 한 나름의 보상이었다. 가끔은 맘껏 어리광을 부려 엄마의 등에 업혀 집에 돌아오기도 했다. 그 모습을 본 동네 아줌마는 다 커서 엄마한테 업힌다고 놀리셨다. 그날 나는 아픈 것도 잊고 행복하게 아이스크림을 먹었다.

감기로 아프고 보살펴주는 사람이 옆에 있으니 마음 한구석 있던 기억이 되살아났던 것이다. 이를 전혀 몰랐던 남자친구는 나의 갑질 아닌 갑질에 여러 번 심부름해야 했다. 그래서 오히려 아무 말 없이 넘어가 준 그에게 민망함이 더해졌다. 이런 일들을 한두 차례 겪자 미안한 마음이 쌓였다. 결국, 나는 이것을 고쳐야 하는 문제로 인식했다. 요구를 당연한 것으로 생각하지 않고 충분히 말해주기로. 그것이 옆구리 찔러 절받기라고 하더라도 말이다.

친한 사이일수록
'내가 생각하고 있는 것을 그도 알고 있을 것이다.'라고
착각한다.
한평생 사는 부부나 연인들이
이런 오해 때문에 싸운다.

상대방이 항상 자신에게 집중하며
잘 알고 있다고 생각하기 때문이다.
특히 편한 사이가 되면 더 그렇다.
그러나 아무리 나에게 집중한다 해도
모든 것을 알 수는 없다.

아무리 천생연분이라도
'이심전심'은 없다.
이심전심은 당연한 것이 아니라
이벤트와 같은 것이다.
그러므로 이심전심은
항상 일어나지 않는 것이다.

말하지 않아도
서로의 마음이 통하는 것은
신기하고 행복한 일이다.

이심전심을 바라지 않으면
상대방을 더 많이 배려하게 되고,
더 자주 대화할 수 있다.

그런 시간이 오래 쌓였을 때
서로의 눈빛만 보고도
필요한 것이 무엇인지 알게 되는 것이다.

당연하다는 말 만큼 차가운 말은 없다.
행복은 결국 당연한 일에 얼마만큼 기뻐할 수 있느냐
에 달려있다.
'당연하다'를 '고맙다'로 바꿔보자.

– 사이토 히토리

편하다는 건
노력하지 않는 느슨한 관계가 아니다.
감사함이 없는
당연한 관계란 없다.

6
내 마음 편하자고

언제가 외할머니의 병환으로 어머니와 시골에 내려간 적이 있다. 병원에 들른 후 외가댁에 머물렀다. 어머니는 시골에 오면 혼자 지내시는 외할아버지를 위해 청소며 빨래를 말끔히 하시곤 했다.

그날도 어머니는 아침 식사를 마친 뒤 그간 밀린 빨래를 하기 시작했다. 세탁기가 있었지만 묵은 빨래는 손으로 애벌빨래를 해야 깨끗해진다며 하나하나 비누칠을 해 빨래판에 문대셨다. 많이 추운 날씨는 아니었지만, 겨울은 겨울이었다. 점심때가 되어도 어머니의 빨래는 계속되었다. 하는 김에 이불도 빨기 시작하셨다. 나는 어머니의 고집을 잘 알기에 묵묵히 도와 드렸다. 어머니가 애벌빨래를 하면 나는 세탁기에 넣어 돌리고 다 된 빨래는 빨랫줄에 널었다. 외할아버지는 점심때를 놓치고 밖에서 고생하는 어머니의 몸이 상할까 걱정하셨다. 하지만 다정하게 표현하는 법을 모르셨던 외할아버지의 투박한 말은 어머니 마음에 생채기를 냈다. 결국, 두 분은 서로 언성을 높이기 시작하셨다.

분명 서로를 위하는 마음인데 왜 이런 엔딩이 되었을까?

할아버지는 밀린 빨래를 해준 것에 고마워하셨다. 하지만 한편으로는 자신을 돌보지 않고 힘들게 손빨래하고 이불을 밟는 딸의 모습에 안타까워하고 애잔해 하셨다. 나는 속으로 어머니가 할아버지의 걱정 어린 마음을 받아 잠깐이나마 일을 멈추고 함께 밥을 먹고 다시 일하시길 바랐다. 할아버지가 더 바라는 것은 그것이었기 때문이다.

어머니는 홀로 지내시는 할아버지를 자주 찾아뵙지 못해 죄송한 마음이 컸다. 나는 또 속으로 할아버지가 추운 날씨에 밖에서 고생하는 딸의 마음을 받아들여 애썼다는 말만 한마디 하셨더라면 어땠을까 생각했다.

하지만 결국 배려는 고집이 되었고, 걱정은 잔소리가 되어버리고 말았다. 문득 다 큰 아들의 발을 씻기는 어머니에 관한 이야기가 떠올랐다. 비단 나의 이야기뿐 아니라 우리 주변의 친구, 연인사이에서도 이런 일들이 많다.

사랑은 그것을 줄 때도
상대의 마음을 평화롭게 하는 것이다.
또 사랑은 마음을 잘 받아줌으로써
사랑을 표현할 수 있다.
걱정은 지나치면 미움이 될 수 있다.

누군가에게 베풀 때
받는 사람보다
자신의 만족이 크다면
그것은 이기심이다.

자기희생이 감동이 아닌
부담을 주는 것이라면,
기껏 온 정성 다해도
좋은 소리를 못 들을 수도 있다.

그래서 내 마음 편하자고,
선행하는 것이라면
그 자체로 만족해야지
인정받으려 하면
서로 힘들어질 뿐이다.

사람들은 자신이 옳다고 생각하는 것에는
잘 물러서려고 하지 않는다.
하지만 옳다고 생각하는 것은
모두 다를 수 있다.

자신의 신념을 행함에 있어서
그것이 아무리 옳다고 생각해도
타인은 불편할 수 있음을 알아야 한다.

자신의 신념을 관철하는 것은
훌륭한 일이지만
자신의 옳다고 생각하는 것을
상대에게 강요해서는 안 된다.
'내가 옳다고 생각하니
절대 바꾸거나 양보하지 않겠다.'라는 건
끝까지 싸우겠다는 것이다.
마치 독립투사처럼.

사랑은 그것을 줄 때도
상대의 마음을 평화롭게
하는 것이다.

7

사랑하기 때문에 참는다는
거짓말

사랑이라는 감정을 그 누가 처음부터 근사하게 다룰 수 있을
까? 나는 어릴 때 화를 잘 참기도 했지만 그래서 욱하기도 했다.
감정을 바로바로 해소하지 못해서다. 안에서 새는 바가지 밖에
서도 샌다고 연애할 때도 그랬다.

대학교 졸업 전의 일이다. 대학에 들어와 처음으로 마음에 드
는 사람이 생겼다. 나는 자연스럽게 다른 사람들과 어울리며 그
와 함께 하는 시간도 늘렸다. 그렇게 호감을 유지했고 곧 사귀게
되었다. 여느 커플들처럼 알콩달콩 잘 지내다가도 가끔은 서로
눈물이 쏙 빠지도록 싸우곤 했다. 그리고 다음 날 왕눈이가 되어
서 화해하곤 했다.

시간이 지나면서 점점 남자친구의 단점이 눈에 들어오기 시작
했다. 다 좋은데 유독 한가지가 양말에 낀 작은 가시처럼 자꾸
신경 쓰였다. 그것은 바로 문득문득 느껴지는 냉정한 말투였다.
그는 일에 대한 불만이나 스트레스가 생기면 나와 온라인 채팅

을 하며 토로했다. 그럴 때마다 말이 지나치게 냉소적일 때가 있었다. 가끔은 나를 배려하지 않고 말하기도 했다. 하지만 힘들어서 불평하는 사람에게 말꼬투리 잡듯 지적할 수는 없었다.

문제는 나도 내가 조금씩 지쳐가고 있었음을 눈치챘으면서도 모른 척했다는 것이다. 사소한 언쟁이 있던 어느 날 남자친구가 뜬금없이 문자메시지를 보내왔다.

"이런 못된 나를 사랑해줘서 고마워."

하지만 몇 개월 후 우리는 헤어졌다. 모든 일은 사소함이 쌓여 사소한 일로 터진다.

그날은 한 친구가 1년간 외국으로 떠나게 되어 송별회 겸 자리를 마련한 날이었다. 그런데 남자친구가 말도 없이 집에 가 버린 것이다. 당연히 자리에 참석할 것으로 생각한 나는 당황스러웠다. 사람들도 의아해하며 내게 그의 행방을 물었다. 나는 갑자기 화가 났다. 평소 그에게 좀 이기적인 면이 있다는 것은 알고 있었다. 하지만 자신에게 집중하는 것이 나쁘다고 생각하지 않았기 때문에 문제 되지 않는다고 생각했다.

그런데 남자친구가 사람들에게 안 좋은 평판을 받게 되자 속상한 마음이 들었다. 그래서인지 그에게 말이 좋게 나가지 않았다.

"어쩜 그래? 전혀 모르는 사람도 아닌데 같이 환송해 주면 좋잖아? 말이라도 해주고 가던가. 정말 너무한다."

그는 갑작스럽게 몰아세우는 나를 보고 놀랐는지 한동안 대답이 없었다. 그리고 자신이 꼭 있어야 할 자리는 아니라고 생각했다고 말했다. 남자친구의 목소리에는 나에 대한 서운한 감정이 담겨 있었다. 내가 자신의 편이 되어주지 않았다고 생각한 것이다.

싸우고 나면 으레 그렇듯 이틀간 서로 연락하지 않았다. 결국, 미안함이 더 컸던 내가 먼저 안부 문자를 보냈다. 하지만 묵묵부답이었다. 불길한 마음에 나는 바로 전화를 걸었다. 하지만 전화 너머에서는 그의 목소리가 아닌 낯선 일본 여자의 음성이 튀어나왔다.

"지금은 신호가 잘 안 잡히는 곳에 있어 통화가 어렵습니다. 나중에 다시 걸어주세요."

그는 혼자서 일본으로 이별 여행을 떠난 것이다. 우리의 연애는 그렇게 끝났다. 나는 많이 혼란스러웠다. 아무 말 없이 우리의 관계를 혼자 정리해버린 그에게 화가 났다. 곧 그 화는 증오심으로 번졌다. 오랜 시간 그를 미워했다가 그리워했다를 반복하곤 했다.

많은 사람들이
사랑하기 때문에 참는다고 한다.
하지만 그렇지 않다.
속 좁은 사람이 되는 것 같아서,
긁어 부스럼을 만들기 싫어서다.

사랑한다는 이유로
상대의 가치관이나 좋아하는 것을
억지로 받아들이는 것은
건강하지 못하다.

사랑하기 때문에 참는 것이 아니라
상대방이 싫어할 것을 알아서
사랑받지 못할까 봐 참는 것이다.

반대로 상대가 자기 마음에 안 든다는 생각은
상대를 통제하고 싶은 욕구이다.
상대를 나라고 생각하기 때문에
바꾸고 싶은 욕심이 생기는 것이다.

사랑한다면
마음에 안 든다는 생각,
그 자체를 놓아야 한다.

마음에 안 든다는 생각 대신
서로의 관계를 위한 마음으로
소통하려고 해야 한다.
서로가 다르기 때문에
부딪히는 것은 당연하다.

우리는 연인의 눈, 코, 입을 사랑하는 게 아니라
그 너머의 개성과 자아를 사랑하기 때문이다.

사랑하기 때문에
참는다는 것은 거짓말이다.
자신의 마음을 덮는 건
이해도, 사랑도 아니다.

언제든 마음에 상처가 된다면
소통하는 것이 사랑이다.
작은 상처라고 모른척하면
그 사랑은 병들고 만다.

싸울 때 이해해주는 쪽이 을이라고 생각했지만 결국
그 '을'도 이기적인 것이다.
평생 참을 수 없다면 솔직하게 표현해야 후회가 남지
않는 연애이다.

– tvN 〈선다방〉 중에서

8
너의 진짜 속마음을 얘기해봐

내 감정에 솔직해지기

어느 날 Y양이 내게 고민 상담을 했다. 그녀는 남자친구와 만난 지 3년 정도 되었는데 한 가지 문제 때문에 헤어짐까지 생각하고 있었다.

"난 남자친구가 사람들이랑 술 마시고 노는 것 가지고는 뭐라고 하지 않아. 근데 한 번 마시면 맨날 새벽 4시가 넘어서 들어가고 연락이 없는 거야. 내가 몇 번이나 새벽 3시까지는 귀가해서 연락 좀 하라고 말했거든?! 그런데 엊그제 또 남자친구가 시간 약속을 안 지켰지 뭐야. 그래서 왜 약속을 안 지키냐고 따졌어. 그랬더니 남자친구가 오히려 화를 내는 거 있지? 사람들이랑 술 마시고 집에 가는 것까지 보고해야 하냐고. 나는 우리가 서로 약속한 거고 여자친구가 그렇게까지 이야기하면 들어줘야 하는 거 아니냐고 되물었어. 그랬더니 남자친구는 나야말로 자신을 이해해주지 않는다는 거야."

"스트레스 많이 받았겠다. 그런데 정말 그거 때문에 헤어지고 싶은 거야?"

"다른 건 다 괜찮은데 술 마시고 연락할 정신이 없을 정도면 좀 그렇지 않아? 같이 술 마시는 사람 중에 남자만 있는 것도 아닐 텐데…."

사람은 누구나 질투의 감정을 다른 사람에게 보이고 싶어 하지도 않지만 스스로도 인정하고 싶어 하지 않는다. 그녀도 그랬다. 남자친구가 늦게까지 술을 마시고 연락이 없는 것보다 다른 스트레스가 있었다. 불안감과 질투와 같은 내심 불쾌한 감정이었다. 남자친구가 인정하고 싶지 않은 자신의 감정을 자꾸 건드리기 때문이었다. 무엇보다 그 점을 남자친구가 먼저 알아주길 바랐다. 그래서 문제가 계속 꼬이는 것이다. 나는 그녀에게 담담하게 말했다.

"네가 화나는 이유에는 남자친구가 약속을 안 지켜서도 있지만, 더 큰 불만은 그 행동이 너를 자꾸 집착하게 만들었기 때문인 것 같아. 늦게 술 마시고 연락이 없으면 왜 기분이 안 좋아지는지를 허심탄회하게 이야기해보면 어떨까?"

진심에는 불평이나 비난의 감정이 없다.
나의 진짜 마음을 전하면
상대도 힘들어하는 모습을 보고
도와주고 싶은 마음이 든다.
스스로 고치려는 마음도 들 것이다.

연애할 때 생기는
수많은 감정의 원인은
대부분 자신에게 있다.
연애는 논리보다
마음으로 풀어나가는 것이다.

솔직한 마음을 전하는 것이
자존심 상하다면
연애는 힘들 수밖에 없다.

불만의 원인이 상대에게 있다고 믿기 전에
나는 내 감정에 솔직한지 먼저 물어보자.
내 감정에 진실할 때
상대에게서 듣고 싶은 진심을 들을 수 있다.

'진심은 통한다.'라는 말을 알면서도
실천하지 못하는 것은
자신의 진심을 자신이 먼저 알아보지 못해서다.

연애는 시작부터 끝까지 진심이 답이다

사랑하는 사람에게
'사랑해'란 말보다 '보고 싶어'란 말을 들을 때
마음이 더욱 애틋해진다.
그리움은 사랑의 감정을 더 증폭시켜주기 때문이다.

진심이 오가는 연애는 행복하다.
진심을 전하는 노력이
연애와 자신을 성장시킨다.
하지만 언제나 마음을 다한다는 것은
열렬한 사랑의 힘이 아니고서는 쉽지 않다.

영화 〈오만과 편견〉에서
베넷과 다아시는 첫눈에 반한다.
하지만 작은 오해로 편견이 생겼고,
둘은 진솔하게 서로의 이야기를 듣기보다
자신만의 생각에 갇힌다.

연애 초보들이 많이 저지르는 실수다.
자신의 머릿속 상대에게 화내고 상처를 주고받는다.
혼자서 북 치고 장구 치다
지쳐 헤어지기로 하는 것이다.
진짜 연애는 시작도 안 했는데 말이다.

오해는 풀지 않으면 확신이 된다.
그럴수록 서로의 모습을 제대로 보기 어려워진다.
이 모든 답답증을 끊어내는 것은 결국 진심이다.
진심을 드러내는 용기가 있는 사람만이
행복한 사랑을 할 수 있다.

대부분 상처의 무거움만 알지,
진심의 무거움은 알지 못한다.
그래서 상처받을까 거절당할까
진심을 내보이지 않는다.

하지만 진심만이
안개와도 같은 편견을 걷어낸다.

연애는 편안함으로 가는 여정이다.
아무 말 없이 있어도
마음이 평온해지는 사람.
있는 것만으로도
위로와 의지가 되는 사람.

서로에게 그런 사람이 되어가는 과정에는
상처와 오해를 끊임없이 풀어내는 진심에
얼마나 정성을 기울였느냐에 달려 있다.

자신이 베푸는 사랑과 보상은, 시간이 흐르면 관계 속에서 그대로 다시 자신에게 되돌아온다.

-A. M. 파인스

솔직한 마음을 전하는 것이
자존심 상하다면
연애는 힘들 수밖에 없다.

9
내 연애는 왜 힘든 걸까

연애는 표현하기 나름

연애를 잘하는 사람들은 대부분
자기감정을 말로 잘 표현하고 전달한다.

다툼이 생기는 많은 이유는
사소한 것들을 간과해
일을 크게 만들기 때문이다.

우리는 큰일에 관대하고
사소한 것에 목숨 거는 경향이 있다.
큰일은 문제와 맥락이 잘 보여 쉽게 알 수 있지만
사소한 것은 구별하기가 어렵다.
매 순간 감정의 미묘한 변화를 알아차리기도 어렵고,
또 그것을 말로 하기도 모호한 상황이 많기 때문이다.

특히 상대방에게 부정적인 이야기를 할 때 그렇다.
타이밍을 잘 잡는 것이 중요한데 쉬운 일은 아니다.
따라서 말하는 타이밍의 기준이 필요하다.

타이밍을 놓쳐버렸다면
깔끔하게 잊어버리고 포기하는 게 모두를 위해 좋다.
시간이 한참 지난 뒤 말하면 오히려 역효과만 난다.
자칫 본질이 아닌 뒤끝 때문에
불필요한 싸움으로 번지기 때문이다.

마음에 걸리는 일들은 언제고 다시 나타난다.
그러니 쌓아두지 말고
다음 기회를 기다리는 것이 현명하다.
노력과 기다림이야말로 사랑하는 사람의 모습일 것이다.

내 감정을 정리하는 법

데이트하던 어느 날이었다. 나는 불쾌한 감정을 어떻게 어디
서부터 설명해야 할지 몰라 답답해하고 있었다. 묵묵히 기다려

주는 남자친구가 고마웠지만, 한편으로는 그마저 신경 쓰여 내 생각에 집중하기 어려웠다. 분위기는 점점 가라앉고 있었다. 결국, 그 중압감에 나는 무엇이 서러운지 바보처럼 눈물을 흘리고 말았다. 남자친구는 당황스러워했다. 그는 영문도 모르고 여자를 울린 나쁜 남자가 된 것 같은 미안함을 느껴야 했다. 한참 후 나는 입을 뗐다.

"있잖아, 사실 뭐라고 얘기해야 할지 모르겠어. 그리고 나도 내가 왜 이런지 모르겠어."

남자친구는 곰곰이 생각하더니 천천히 나에게 질문하기 시작했다.

"언제부터 그런 느낌이 들었어?"

"음…. 한 5시간 전부터였던 것 같아."

"5시간 전이면 쇼핑몰에 있었을 때네?"

"응. 그렇네. 맞아, 그때 자기가 갑자기 어디론가 가버려서 기분이 순간 안 좋았어."

"그런데 그때 왜 바로 말 안 했어?"

"그때는 사소한 것이어서 참고, 감당할 수 있을 줄 알았어. 그런데 감정이 사그라지지 않네. 나도 이런 내가 당황스럽고 창피해."

"그랬구나. 내가 무심코 한 행동이 너를 서운하게 했구나. 정말 미안해. 내가 잘못했다. 다음부터 조심할게. 그리고 다음에는 바로 말해줘도 괜찮아."

나는 내가 생각했던 것보다도 훨씬 더 내 감정을 읽지 못했고 표현도 미숙했다. 그동안 자존심과 두려움 때문에 쿨한 척했을 뿐이었다. 그래서 내가 먼저 굳이 말하지 않아도 상대가 알아주길 바랐다.

생각해보면 나는 어릴 때부터 불만이 있어도 표현하지 않고 참곤 했다. 표현하면 미움받는다고 생각했던 것이다. 그 습관이 어른이 될 때까지 이어진 것이다. 그런 나에게는 마음껏 표현해도 괜찮을 만큼의 믿음이 필요했다. 다행히 남자친구는 인내심 있게 대화로 풀어가며 나에게 믿음을 주었다. 그 후로 나는 감정을 솔직하게 말할 수 있게 되었다. 처음이 어려웠지 한 번 해내고 나니 점점 쉬워졌다.

감정을 상대방에게 잘 전달 할 수 있는 방법이 있다.
먼저 사건의 상황을 설명하고,
그때의 감정과 현재의 감정을 이야기한다.
그리고 다음부터는 이러저러하게 해주면 좋겠다고 요청한다.
즉, 상황, 감정, 요청의 순서대로 말하는 것이다.

예를 들면,

(상황) "아까 쇼핑할 때 자기가 갑자기 내 손을 놓고 다른 데로 가버렸는데,

(감정) 순간 나 좀 당황했어. 왠지 나를 신경 써주지 않은 같아서. 시간 지나면 괜찮아 질 줄 알았는데 아직도 기분이 나아지지 않네."

(요청) "다음에는 미리 말해주면 덜 서운할 것 같아."

상황과 감정을 분리해서 말하면
말하는 사람은 자신의 감정을 정리할 수 있고,
듣는 사람도 받아들이기 편하다.
무엇보다 감정 소모를 줄일 수 있다.

이성적으로 생각하면 삐질 일이 아닌데
마음은 찝찝하고 답답할 때가 있다.
그런 자기 자신에게 화가 나기도 한다.

자기 자신을 먼저 탐색해야
애먼 불똥이 가장 가까이 있는
연인에게 튀지 않는다.

좋은 것보다 싫은 것을
더 정확히 말하고 들어주어야 한다.
그것은 사랑하는 사람에게 상처 주지 않는
기본적인 배려다.

뭉쳐있는 감정의 실타래는
함께 풀어나가야
실처럼 길어진다.

행복한 연애를 위해서는
머리와 마음이 서로
보조를 잘 맞출 줄 알아야 한다.

그때의 나는 사랑할 줄도 모르면서 사랑받고 싶어 어쩔 줄 몰랐다.

– 영화 〈나나〉 중에서

10

내려놓아야
사랑이 움직인다

중심이 흔들리면 기대게 된다

흔히들 그렇듯 나도 연애 초보일 때는 연락 문제로 속상해하고, 예민하게 대응하곤 했다. 매 순간 카톡 메시지를 확인하고 그에게 연락올까 봐 휴대폰을 손에 놓지 않고 기다리기도 했다. 그의 스케줄을 알고 싶어 했고, 그 스케줄이 끝나면 당연히 나와 데이트를 해야 한다고 생각했다. 그리고 조금이라도 서운함을 느끼면 혼자 크게 상심하는 날들을 보내기도 했다.

특히 상대방이 나를 먼저 좋아한 경우 더 그랬다. 시간이 갈수록 처음 나를 위해 바친 열정들이 조금씩 옅어져가는 것에 불안을 느꼈던 것이다. 그러면서도 자존심 때문에 내색도 못했다. '무슨 사정이 있겠지'라는 생각으로 진정하려고 했지만 감정을 이기지는 못했다. 결국 사소한 얘기 하나를 하다가 그동안의 설움까지 밀려나와 울음을 터뜨렸고 그를 당황하게 했다.

우리는 그 주제로 오랜 시간 충분히 대화하며 타협을 찾았다.

다행히 나는 조금씩 나의 중심을 찾을 수 있었다. 조금씩 내 일상에 무게 중심을 둘 수 있게 된 것이다. 그는 내가 먼저 물어보지 않아도 일상의 일들을 자주 메시지를 남겨놓아 주었다. 나도 내 스케줄을 소화해가며 틈틈이 메시지를 확인했다. 그러자 그때그때 연락을 받아야한다는 부담감이 없어졌다. 마치 편지를 보내는 느낌으로 메시지를 주고받을 수 있게 되었다. 나중에는 내가 일이 늦게 끝나면 그는 다음날 출근 부담을 감수하면서도 나를 집에 데려다주고 귀가하는 일이 많아졌다. 내가 연락 문제에서 자유로워지자 그가 나를 더 그리워하게 되었기 때문이었다.

이제 막 연애를 시작한 연인들에게는
특별한 힘이 생긴다.
자신의 시간과 에너지를 기꺼이 할애한다.
조금이라도 함께 시간을 보내고 싶은 강렬한 욕망 때문이다.
잠자는 시간을 줄여가며 밤새 통화해도 즐겁기만 하다.
또 매일 만나는 시간을 정하고,
한 번이라도 더 보고 싶어 무작정 달려나가기도 한다.
연애 초반에만 할 수 있는 로망이자 특권이다.

사랑이란 감정은
상대방과 함께라면 무엇이든 할 수 있다고
생각하게 만든다.
그리고 사랑하면 모든 것을 맞춰야 한다고 생각한다.
아니 당연하다고 오해한다.

하지만 다소 위험한 생각이다.
연애는 그 자체로
한 사람의 삶, 감정, 그리고 리듬에
영향을 주기 때문이다.

사랑도 시간이 지나면 일상이 된다.
감당할 수 있다는 처음 생각과는 달리 지치기도 한다.
그리고 그동안 미루어 두었던 일들에 다시 집중하게 된다.
따라서 시간을 비롯해 여러 면에서
서로의 조율과 합의가 이루어져야 한다.

조금은 이기적인 연애, 하지만 그럴수록
사랑은 애틋해지고 소중해진다.
서로가 서로에게 의지하는 마음을
잘 느낄 수 있기 때문이다.

연락과 만남으로 의견 충돌이 생기는 이유는
상대방에게 지나치게 집중하기 때문이다.
연애도 라이프스타일과의 밸런스를 맞출 때 오래 간다.
만남과 연락의 횟수만이
사랑의 증거가 되지는 않는다.

연애는 연애를 하며 알게 되고,
사랑은 사랑을 하며 배우게 된다.
연애에 집중하려면 반대로
연애가 아닌
자신에게 집중할 수 있어야 한다.

　진정한 사랑은 진정한 우정과 마찬가지로 내면의 고독을 필요
로 한다.

— 안셀름 그륀

연애감정에 올인하지 않기

나의 20대는 의무적으로 해야 하는 일을 제외하고는 취미가 우선이고 전부였다고 해도 과언이 아니다. 나는 춤에 빠져 있었다. 일하는 시간만큼 춤 연습에 열중했다. 그래서 연애의 필요성을 많이 느끼지 못했다. 일본에서 유학을 한 덕분에 혼자서도 꿋꿋이 밥도 먹고 영화도 보고 다녔다.

대학교는 나에게 있어 학업의 장소이자 용돈을 버는 곳이었다. 친구들이 캠퍼스 커플이니 뭐니 시끄러운 와중에도 나는 학교도서관 정기간행물실에 아르바이트 자리를 구한 것이 더 기뻤다. 소정의 장학금을 주는 근로장학생이 되기 위해 공부도 게을리 하지 않았다. 소중한 취미생활을 위한 용돈이 필요했기 때문이다. 쉬는 시간이나 공강이 생길 때마다 단 30분이라도 부지런히 일했다. 그 당시 시급이 3,000원이었는데 한 달 동안 50만 원 가까이 벌기도 했다. 방학 때도 즐겁게 일했다. 그 정도로 나는 취미에 열정적이었다.

대학 졸업 후 직장을 다닐 때도 춤에 열중해 있느라 누군가 나를 좋아하고 있는지 전혀 눈치채지 못했다. 1년이라는 시간이 지났을 때 뒤늦게 고백을 받았다.

열정적인 취미활동으로 나는 연애를 하면서도 내 생활의 중심을 잃지 않을 수 있었다. 오히려 더 부지런해졌다. 내 생활이 중요한 만큼 자연스럽게 남자친구의 스케줄도 존중할 수 있었다.

데이트는 시간이 짧을수록 애틋해지는 법이다. 오후에 데이트를 할 수 없으면 아침 일찍 만나서 드라이브를 하거나 짧게 여행을 다니곤 했다. 그렇게 틈틈이 연애를 하다보니 어제 만났는데도 마치 3일 만에 보는 듯한 느낌이 들었다. 3년이 됐을 때도 1년밖에 안된 것 같았다. 항상 반갑고, 즐거웠다. 그리고 모든 순간이 소중하게 여겨졌다. 그래서 무료하게 시간을 때우거나 각자 휴대폰을 보는 일 따위도 거의 없었다. 서로의 일과 삶에 대해 진지한 대화를 나누기도 모자랐다.

누군가를 진심으로 사랑할 때는
일에 열중하다가도 문득 몇 번씩
그 사람이 떠오른다.
감정의 에너지가 쏠릴 수밖에 없다.
그러니 중심을 잡아야 한다.

중심을 잡지 못하면 집착하게 되고
성숙한 연애를 방해한다.

자기감정에 빠져

상대방의 사랑이 식어간다고만 생각하면

상대방이 아무리 좋은 말을 해도

즐겁기는커녕 귀에 들어오지 않을 것이다.

한 번 집착하게 되면

그 속에서 빠져나오기 쉽지 않다.

마치 친구가 아이스크림을 한 입만 달라고 했을 때,

혹여나 그 친구가 아이스크림을 다 먹어버릴까 봐

손에 꼭 쥔 채 불안해하는 어린애와 다를 바 없어진다.

사랑이라는 감정은 자연스럽게 흘러야 한다.

감정에 힘을 뺄수록

집착이 아닌 집중을 할 수 있다.

집착은 강한 불안함과 결핍에서 온다.

불안감은 해소하려 해야지

억지로 마음을 떼어내려고 하면 더 힘들어진다.

집착하는 마음은
비록 상대가 원인 제공을 했을지라도
스스로 치유할 수 있다.

집착을 버리는 순간,
신기하게도 상대방이 다가온다.

만약 연애감정에 집착하느라
정작 연애다운 연애를 못하고 있다면
과감히 자신만을 위한 것에
투자하고 집중해야 할 때다.

중요한 것은 사랑을 받는 것이 아니라 사랑을 하는 것
이었다.

― 윌리엄 서머셋 모옴

연애에 집중하려면
반대로
연애가 아닌
자신에게 집중할 수 있어야 한다.

11
나다움을 포기하지 않기

영화 〈아이 필 프리티〉는 보기 전에는 신선할 것 없는 내용이라고 생각했다. 하지만 어느새 나는 그 영화에 점점 빠져들고 있었다.

여주인공 르네는 자신의 뚱뚱한 몸매를 어떻게든 변화시켜보려고 헬스장에 등록한다. 그 첫날, 비장한 마음으로 오버하며 미친 듯이 자전거 페달을 밟아대던 그녀는 헛발질로 낙상한다. 바닥에 머리를 부딪친 후 그녀는, 자신에게만은 더할 나위 없이 완벽한 모습으로 변하게 된다.

이제 엄청난 자신감으로 점철된 그녀는 완전히 다른 사람으로 세상을 살기 시작한다. 자신감으로 세상을 밀어붙였다는 표현이 더 적절할 것 같다. 그동안 꿈꾸던 삶을 원없이 누리려는 듯이. 착각으로 인한 자신감이지만 그녀는 자신이 원하는 직장과 사랑을 모두 얻는다.

그러나 결국 그녀는 그 화려한 꿈에서 깨어나게 된다. 다시 원래대로 모습으로 돌아온 르네는 좌절한다. 하지만 그것도 잠시,

자신이 했던 행동들을 떠올리고 그 결과물들을 보며 중요한 가치를 깨닫게 된다.

내면의 자기 사랑은
인생을 탈바꿈시킨다.
사람들의 시선은 똑같은데
르네는 자신에 대한 믿음만으로
그녀답게 살게 됐다.

자신감 하나로
어제와 똑같은 현실을
마법처럼 바꾼 것이다.

완벽한 몸매와 미모에도
자존감이 부족해 남자친구에게 차이는 모델,
금수저에 화려한 이력을 가졌지만
남들과 다른 목소리에 늘 상처받는 회사 오너.
사람의 매력은 겉이 아니라
내면에서 결정되는 것이다.

자기가 자신을 어떻게 바라보느냐에 따라,
어떤 사람이라고 믿느냐에 따라
행복과 불행이 만들어는 것이다.

스스로를 매력적으로 보는 것은
가치 있는 일이다.
스스로의 가치를 높게 평가하는 사람이
유혹도 주도적으로 할 수 있다.

자신만의 음색과 소울을 담아
열정적으로 연주하는 뮤지션에게는 행복함이 묻어난다.
보는 사람마저도 황홀하게 만든다.
자기다움의 극치가 가장 큰 매력이다.

나다움을 표현하려면
스스로에게 솔직해야 한다.
자신의 감정을 숨기지 않을 때
우리는 나다울 수 있다.

우리는 연애할 때
나다움을 보여주기를 머뭇거린다.
인정받을 수도 있고,
미움받을 수도 있기 때문이다.

연애도 상처받으면서 성숙해진다.
상처받기를 두려워하기 전에
나의 모습을 다 보여주지 못한 것을
후회하는 일은 없어야 하지 않을까?

행복한 연애는
서로의 진정한 모습을 발견하고,
알아가는 여정이다.

섹시함이란 실제 당신이 갖고 있는 게 50%, 그리고
남들이 당신에게 있다고 생각하는 게 50%다.
  – 소피아 로렌

내면의 자기 사랑은
인생을 탈바꿈시킨다.

12
헤어졌다는 사실보다
더 중요한 것

헤어짐의 끝도 행복이어야 한다

연애를 시작하면
헤어지는 순간도 온다.
다만, 그때가 언제인지 모르고
사랑에 빠지는 것뿐이다.

이별 직후의 후폭풍은
남자보다 여자가 빨리 오는 편이다.
특히 이별을 통보 받았다면
대부분 마음의 준비 없이 맞이한 경우가 많다.
그래서 금방 그에게 매달리고 싶어진다.

헤어진 연인을 되돌리고 싶다는 건
연인이 자신에게 소중한 사람이었음을 깨달아서다.

하지만 헤어졌을 때 하지 말아야 할 일은
감정적으로 매달리는 것이다.
그리고 가장 먼저 해야 할 일도
떠나간 연인을 붙잡으려는 생각을 멈추는 것이다.

다만 매달려보지 않은 게 더 후회될 것 같다면
후회 없이 표현하는 것이 낫다.

떠나갔다는 사실이 아무리 슬퍼도,
당장 잡고 싶은 마음이 굴뚝같아도,
일단 멈춰야 한다.
거기서부터 다시 시작해야 하기 때문이다.

상대도 이별을 결심하고 말한 것이
쉽지만은 않았을 것이다.
잠시 마음이 흔들린다고 해도
이별을 번복하기는 어려운 일이다.
그래서 매달릴수록 상대는
헤어져야 하는 이유만 더 찾게 된다.

이별을 이야기하는 순간이

가장 사랑하지 않는 순간이다.

한때나마 사랑했던 사람에게

상처 줄 것을 알면서도 이별을 내뱉었다.

그러니 감정적으로 매달린다고 해서

쉽게 마음을 되돌릴 수 없는 은 당연하다.

사랑했던 연인의 절박한 모습을 보고 싶어 하는 사람은 없다.

그래서 앞뒤 없이 무조건

자신이 잘못했다는 말은 설득력이 없다.

불안과 집착은 매력적이지 않다.

애쓸수록 당신에 대한 감정만 식어갈 뿐이다.

슬프지만 우선 받아들여야 한다.

감정은 붙잡고 있을수록 힘들다.

그리고 해야 할 일은
당신의 연애가
어떻게 이 지경까지 왔는지를
정확히 아는 일이다.
물론 같이 이야기하면 더없이 좋겠지만
그것이 가능했다면
그토록 괴로워하고 고민하지는 않을 것이다.

연애도 과거를 통해 성장한다.
원인을 알아야 다시 시작할 의욕도 생기고
문제를 해결할 수 있다.

이유를 안다는 것은
이별 극복에 가장 중요한 디딤돌이 된다.
그래야 오래 시간 부정적인 감정에 빠져
시간을 보내지 않게 되기 때문이다.
무거운 감정은 사람을 무기력하게 만든다.

헤어졌다는 사실보다 더 중요한 것은

그는 더 이상 당신에게 끌리지 않는다는 것이다.

사람들은 누구나 자신의 기준에서

높은 가치가 있다고 생각되는 사람에게 호감을 느낀다.

그러므로 그동안 느슨해진 관계를

리셋하는 것부터 시작해야 한다.

주의할 점은 상대방이 원하는 모습이 아니라

자신이 봐도 멋진 모습으로 변화해야 한다는 것이다.

좋은 것을 보고, 좋아하는 것을 하면서

좋은 기분을 느끼는 것에 집중하자.

그래야만 스스로도 자신의 모습에 만족할 수 있고,

자신감도 생길 것이다.

그 자신 있는 모습이야말로

가장 큰 매력이다.

헤어진 후에도

언제나 자신의 행복이 우선이어야 한다.

헤어진 후 알게 되는 것들

헤어진 후 5년 만에 다시 만난 여름과 태하. 여름은 자신의 남자친구 하진과 태하가 무슨 이야기를 나눴는지 궁금해 태하를 자신의 공방으로 호출한다. 공방에 온 태하와 여름의 대화.

태하: 상판 수종이 뭐야?

여름: 편백나무.

태하: '변하지 않는 사랑'

여름: 맞아. 그런 나뭇말을 가진 나무야. 안 잊었네?

태하: 옆에서 그렇게 달달 외우는 걸 봤는데, 잊겠니? …변하지 않는 게, 있다고 생각해?

여름: 의지를 갖는다면…. 너랑 만날 땐 사랑이 감정이 문제라고 생각했는데, 헤어지고 나서 생각해 보니까 의지의 문제였어. 내가 이 사람을 얼마나 좋아하느냐가 아니라, 이 사랑을 얼마나 지키고 싶은 의지가 있느냐의 문제.

태하: 나는 그게 없었나?

여름: 둘 다 없었겠지! 사랑하는 마음만 있었지, 어떻게 사랑해야 하는지도 모르고, 어떻게 지켜야 하는지도 모르고, 그랬으니까….

태하: 그러니까 왜 그때 나타났냐고! 왜 내가 아무것도 모를

때 나타나서 네가 나한테 잘해준 것도 하나도 모르게 만들었냐
고 왜. 지금 나타났어봐. 내가 얼마나 잘해줬겠어. 맨날 업고 다
녔지.

– KBS 〈연애의 발견〉 중에서

누구나 처음 하는 사랑에는 미숙하다.
사랑이라는 감정이 중요하지만
그 감정을 어떻게 유지해야 하는지
어떻게 소중하게 다뤄야하는지
겪어보기 전에는 알 수 없기 때문이다.
사랑이라는 것은 어쩔 수 없이
직접 느끼고, 겪고, 빠져봐야 한다.

수많은 드라마와 영화, 소설 등을 보며
사랑에 대해 잘 알게 된 것처럼 느끼지만
그건 지난 사랑을 위로받고
깨달은 것들을 공감했을 뿐이다.
정작 다시 자신의 일이 되면 헛똑똑이 된다.
내 사랑은 관찰자 시점이 아니기 때문이다.

사랑은 두 우주가 만나는 것이기에

예측할 수도 통제할 수도 없다.

아이러니하게도

가장 사랑받고 싶은 사람에게

가장 사랑받지 않는 불행을 경험하기도 한다.

사랑할 때 상처받지 않는 사람이 어디 있을까.

상처를 주어도, 상처를 받아도 괜찮다.

중요한 건

서로의 상처를 발견하는 것이다.

그 상처야말로 사랑의 흔적이기 때문이다.

행복과 자신감은 당신이 입을 수 있는 것들 중 가장 예쁜 것이다.

- 테일러 스위프트

13
내게 어울리는 인연은
내가 만든다

사랑, 더 이상 운에 맡기지 마라

당신은 운명적인 사랑을 믿는가? 어떤 사람은 운명적인 사랑을 믿기도 한다. 하지만 그것은 '누군가 나를 운명적 상대라고 알아봐 줄 거야'라고 생각하는 것과 같다.

하지만 운명적인 사랑이 운명이어서 만난 것인지, 만나서 운명적인 것인지 알 수는 없다. 만남에 대한 운을 바라는 것은 기준이 없는 사랑과 연애를 하는 것과 같다.

대학교 3학년 때였다. 평소 나를 아끼고 이뻐해 주던 선배가 만나자고 연락해 왔다. 선배는 "예쁘게 하고 와~!"라며 알 듯 모를 듯한 말을 던지고 전화를 끊었다. 나는 영문을 몰라 갸웃했지만 대수롭지 않게 생각했다. 그날 나는 카고바지에 후드티셔츠를 입고 운동가방을 메고 있었다.

약속 장소인 카페에 도착하니 선배가 먼저 와서 기다리고 있었다. 그런데 선배의 맞은편에 모르는 남자애가 앉아 있었다. 말로만 듣던 소개팅이었다. 당황스러웠지만 크게 내색하지는 않았다. 선배는 간단하게 인사만 시켜준 뒤 우리 둘만 남겨둔 채 사라졌다.

남자애는 소개팅을 알고 있던 눈치였다. 나는 어색하고 불편한 분위기에 당장이라도 카페를 뛰쳐나가고 싶었다. 하지만 선배를 생각해 간질거리는 마음을 꾹 억눌렀다. 안타깝게도 우리는 둘 다 숙맥이었고 심지어 공통화제도 없었다. 나는 어색한 정적을 깨고 그의 관심사에 관해 물어봤다. 그러자 그는 지금 빠져있는 게임에 대해 이야기하기 시작했다. 결국, 나는 그의 게임 이야기만 계속 들어주다가 집에 왔다.

선배의 수고가 무색하게 우리는 그날 이후로 서로 연락하지 않았다. 좋지도 싫지도 않았다. 그냥 대학교에서 보는 친구 같은 느낌이었다. 소개팅 자리를 마련해준 선배가 원망스럽거나 하지는 않았다. 이런 경험을 할 수 있었다는 것에 의미를 두었다.

나의 의사를 묻지 않고 갑작스럽게 소개팅을 시켜준 선배의 실수 때문만은 아니었다. 나도, 그 남자애도 아직 연애할 준비가 안 되어 있었다. 흔히 말하는 연애세포가 깨어 있지 않았던 것이다. 더욱이 나는 남자친구에 대한 구체적인 이상형도 없었기 때문에 특별한 기대도 없었다. 둘 중 어느 한 사람이라도 적극적이

었더라면 데이트라도 했을 것이다. 준비되지 않은 마음과 노력
없는 만남의 당연한 결과였다.

 그렇다면 준비된 마음과 노력은 무엇일까?
 우리는 살면서 한번쯤
 '이상형이 뭐예요?'라는 질문을 받는다.
 나는 그 질문 대신 이렇게 물어보고 싶다.

"당신이 생각하는 사랑의 기준은 뭔가요?"

이상형에 대한 질문은
상대방의 조건에 초점이 맞춰져 있다.
좋은 조건들을 나열한 집약체다.

하지만 사랑의 기준을 물어본다면
나와 상대를 같이 두고 생각해 볼 수 있다.
내가 상상하는 이성의 모습도 좋지만
실제로 내가 어떤 기준으로
이성을 선택하는지 아는 것이 더 중요하기 때문이다.

우선 그동안 당신이 좋아했던 두 사람을 떠올려 보자.

그리고 그 두 사람의 공통점을 찾아보자.

외모, 성격, 능력, 매력, 태도, 가치관, 사회적인 지위 등

어떤 것이 있는가?

그들의 공통점을 통해

당신이 실제 이성을 선택하는 기준을 알 수 있다.

이제 그 기준이 자신과 맞는지 생각해보자.

즉, 그 기준이 사회가 원하는 기준인 것인지

자신의 성향과 어울리는 것인지를 따져보는 것이다.

나는 성격과 가치관의 기준이 공통적이었다.

이 두 가지가 잘 맞았을 때

좋아하는 감정이 오래 유지됐다.

자신이 어떤 사람을 원하는지를 알아야

만났을 때 바로 알아볼 수 있다.

『파리에서 도시락을 파는 여자』의 저자이자 켈리델리의 CEO 켈리 최는 절망을 딛고 행복한 삶을 그릴 때 자신이 원하는 이상형 리스트를 만들었다. 항목은 30개나 되었다. 일단 많이 착한 남자. 그리고 요리를 잘하며 로맨틱하고, 건강하며 똑똑한 남자여야 했다. 프랑스 인이어야 하며 나만 사랑하는 사람이어야 하는 등등 어디 가서 말했다가는 결혼 안하겠다는 얘기라고 핀잔만 들었을 조건이었다. 하지만 그녀는 그 리스트를 휴대폰이나 노트북 같이 잘 보이는 곳에 붙여두고 기도했다. 그리고 그 모든 것을 만족하는 짝을 만나 결혼했다.

스스로 빛을 내는 사람이 매력적이다

역사 속에는 자기답게 자유로이 사랑을 한 사람으로 남자는 카사노바, 여자로는 조르주 상드가 있다. 조르주 상드는 피아노의 시인 쇼팽의 연인으로 알려져 있다. 하지만 그녀의 삶에 대해서는 카사노바만큼은 잘 알려지지 않다. 조르주 상드는 19세기 프랑스 낭만파 소설가였다. 그녀의 삶을 두고 항간에서는 '고품격 막장 드라마'라고 부른다.

그녀는 자유로움을 향해 전진하는 삶을 살았다. 19세기의 사회 분위기를 생각했을 때 금기와도 같은 것들을 그녀는 깔끔하게 무시했다. 실용성, 경제성을 생각해 치마와 코르셋을 벗어던지고 바지를 입었다. 남장여자라는 꼬리표까지 달고 다녔다. 심지어 거리에서 남자들과 함께 거리낌 없이 시가를 피웠다. 여성 흡연이 오늘날에 와서야 평등한 시선으로 보게 된 것을 생각하면 충격 그 자체다. 시간 여행자가 아닐지 의구심마저 들게 한다. 그녀가 가족, 친구, 연인처럼 교류했던 인물들은 문학가, 음악가, 화가, 연극배우, 철학가, 정치가, 사상가, 종교가, 법률학자, 혁명가, 역사학자, 식물학자, 노동자 등 광범위하고 다양하다.

그녀가 살면서 남자들에게 쓴 편지들은 약 4만여 통이나 된다고 한다. 그녀의 편지에서 리스트, 하이네, 발자크, 보들레르, 쇼팽, 뮈세, 플로베르, 고티에, 들라크루아, 투르게네프, 마르크스 등 19세기 유럽의 셀러브리티들을 찾을 수 있다. 19세기 인명 백과사전이라 불릴 만하다.

그녀는 코르셋과 치마를 입지 않아도 미모가 출중해서 '사랑의 여신'이 되었을까? 아니다. 오히려 그 반대다. 그녀는 키가 작았고 예쁘지도 않았다. 그렇다면 그녀에게는 어떤 매력이 있었던 것일까?

그녀의 매력은 바로

자신의 마음과 생각을

당당하게 표현하는 솔직함이었다.

그리고 자신을 사랑하는 열정가였다.

연애하기 위해 노력하기보다

다양한 사람들과 교류하는 것을 즐겼다.

또 지식으로도 남자를 압도했다.

지금으로 말하자면 자기계발의 대가였던 것이다.

독립적인 성향의 조르주 상드는

자신에 대한 믿음이 확고했다.

이러한 점 때문에

자기 인식이 높았던 고위층 지식인, 예술가들일수록

그녀에게 더 끌렸을지도 모른다.

반대로 자신에 대한 믿음이 약한 남자는

조르주 상드와 같은 여자가

위협적으로 느껴져 다가가기 꺼렸을 것이다.

나로서 사랑하고 표현할 때
후회가 남지 않는다.
좋아하는 사람 앞에서 내숭을 떨고 싶다면
내숭을 떠는 것도 좋다.
오히려 상대가 어떻게 생각할지 신경 쓰느라
평소답지 않게 어색한 행동이나 실수를 한다.

사랑은 이기고 지는 싸움이 아니다.
상대의 전략을 생각하느라 방어만 할 필요는 없다.
조르주 상드처럼
자신을 위한 사랑으로 타인을 사랑하자.
사랑은 좇지 않고 맞이하는 것이다.

자신의 삶에 더 큰 열정을 쏟자.
자신을 평가할 때 당당할 수 있다면
사랑에 상처받을까 두려워하지 않을 것이고
자존심 때문에 진심을 숨기지 않을 것이다.

산에 오를 때 오른 그 위치마다
보이는 풍경과 느낌이 다르다.
또 그곳에 모인 사람들도 다르다.
그래서 자기계발이 필요하다.
자신이 성숙한 만큼 끌리는 사람도,
만나게 되는 사람도 달라지기 때문이다.

　단지 돈만을 위해 결혼하는 사람보다 더 나쁜 것은 없고, 단지 사랑만을 위해 결혼하는 사람처럼 더 어리석은 것은 없다.

– 새뮤얼 존슨

자신을 위한 사랑으로
타인을 사랑하자.
사랑은 좇지 않고
맞이하는 것이다.

메멘토 모리

'죽음을 기억하라.'

옛 로마에서 전쟁에서 승리를 거둔 장군에게
언제가는 죽음을 맞게 되니 겸손하게 행동할 것을
당부하는 말이었습니다.

한편 나바호 인디언도 '메멘토 모리'의 이야기가 있습니다.
'네가 세상에 태어날 때 너는 울었지만 세상은 기뻐했으니,
네가 죽을 때 세상은 울어도 너는 기뻐할 수 있도록 그런 삶을
살아라.'

저는 '메멘토 모리'에 대해
저만의 생각으로 정리해보았습니다.

사람은 죽으면 육체는 명을 다하지만
영혼은 빛이 되기에 사라지지 않는다고 합니다.

빛이 되면
몸을 가지고 있었을 때
더 행복하게 즐기지 못한 삶을
아쉬워할지도 모릅니다.

몸이 있을 때 얻은
경험과 깨달음, 마음을 가진 채
빛이 될 것이니까요.

그러니 사람으로 사는 동안
많이 경험하고 사랑하며 깨닫는 것이
중요하다고 생각합니다.

안다는 것과 믿는다는 것은
아는 대로 행하고
믿는 만큼 변화하는 것입니다.

독하지 않은 제가

변화하게 된 건

의지, 인내, 오기 때문이 아닙니다.

마음에서 앎,

이 하나 때문이었습니다.

사람은 논리적인 마땅함에 고개를 끄덕입니다.

하지만, 결정적으로 자신을 변화시키는 것은

무릎을 치며 마음에서 깨닫는 감정입니다.

수많은 자기계발서를 읽어도

삶이 변하지 않는 이유는

형식과 논리를 통해서

잠깐의 충족감만 느끼기 때문입니다.

마음으로 느낄 때 실천할 수 있습니다.

그리고 실천할 때 비로소

아는 것과 믿는 것을 대변하게 됩니다.

변화는 이미 시작되었습니다.

앞으로 더 행복해지고 빛날
우리 모두를 응원합니다.

감사의 말씀

먼저 희생과 헌신, 더없는 사랑으로 저를 키워주신 아버지 박성부 님, 어머니 김두자 님께 감사와 사랑의 말씀을 전하고 싶습니다. 묵묵히 믿고 지켜봐 주심이 얼마나 큰 힘이 되었는지 모릅니다. 그리고 애교 없는 동생을 먼저 챙겨주고 항상 응원해준 남혁 오빠, 소영 언니에게도 고마움을 전합니다. 언젠가는 이 책이 조카 채희와 지완에게도 도움이 되길 바랍니다. 또한 어려울 때 물심양면 응원해주신 임성훈 작가님, 소울메이트, 오랜 친구들에게도 감사를 전하고 싶습니다. 저를 지지해주는 사람이 있다는 사실만으로도 큰 힘이 되었습니다.

이 책을 펴낼 수 있도록 격려해주시고 기다려주신 미다스북스 류종렬 사장님, 명상완 실장님, 애써주신 이다경 팀장님께도 심심한 감사의 말씀을 전합니다.

마지막으로 제 안의 힘을 끄집어낼 수 있는 계기를 주신 모든 분들께 감사드립니다.